日常からビジネスまで

すぐに使える英会話
超万能ミニフレーズ 300

ミゲル・E・コーティ　　宮野智靖　　川島理恵
Miguel E. Corti　　Tomoyasu Miyano　　Michie Kawashima

Jリサーチ出版

∽ はじめに

英語を話すって意外と簡単かも？

　「何年も英語を勉強しているのに、英会話には自信がない」「外国人に話しかけたいけど、どう話せばよいのかわからない」「英会話の最初のひと言が出てこない」…と悩んでいるあなたに、本書をお送りしたいと思います。

　まずは、本書で紹介するフレーズをマスターしてどんどん使ってほしいのです。本書に掲載されているフレーズはすべて、アメリカ人の目から見て最も使えると考えられる「生きたリアルな」英会話フレーズです。

　実際の日常会話では、1～6語くらいのミニフレーズが多用されます。難しい表現をあれこれ使う前に、まずは最も簡単なフレーズを使って英会話を楽しんでみましょう。ちょっとした会話なら、それで事足りてしまうのです。

　アメリカ人は、よく How's it going? や What's up? と聞いてきます。そういうちょっとした挨拶や small talk（雑談）には、難しい単語や構文はまったく必要ありません。みなさんは本書を通して多くのフレーズを知らず知らずのうちに自然と覚えていけますよ。みなさんには、小さなおしゃべりはもちろんのこと、ビジネスでも十分に使える英会話の万能フレーズを習得して、これまでとは違う新しい世界を体験してほしいのです。

超万能ミニフレーズだから使える！

　超万能ミニフレーズは、短い単語の組み合わせです。ひとつながりの「音」として覚えやすく、そして発音する時も言いやすい、そしてネイティブがいつも使っている自然なものを選びました。覚えやすくて、ちょっとした時に「さっと出てくるフレーズ」たちです。

　CDでネイティブの発音を聞いて、フレーズを自然な発音で身につけるようにしましょう。何度も何度も繰り返し練習しましょう。発音は単語で

区切るのではなく、ひとつながりで覚えるように心がけましょう。発音は、ネイティブの音にできるだけ近づいたカタカナで表記されています。

　単語のほとんどは、みなさんが既にどこかで聞いたことのあるものばかりです。「そんな単語はもう知ってるよ」と言う人も多いかもしれません。しかし、単語の組み合わせ次第で表現は自由自在に変化するのです。簡単な単語や表現ほど馬鹿にできないものです。さらに、短文を組み合わせれば、ちょっとしたディスカッションもできるようになります。簡単なミニフレーズを最大限に活かせば、みなさんも英語が必ず話せるようになるのです。

知って得するプラスα！

　本書では1～3語のフレーズのみならず、4～6語のフレーズもたくさん紹介しています。さまざまな場面で使える万能フレーズばかりです。家庭で、学校で、またレストランやショッピングにも使える気の利いた表現が満載です。ビジネス業務にも使えるフレーズも盛りだくさんです。解説や関連表現の紹介などもできる限り詳しく記述しました。英語が少し話せるようになった時に、「知っていたら＋α」の知識とテクニックが身につけば、楽しいでしょうね。

　「日本人の英語学習者には今の時代、こんなフレーズ集が必要なんだろうなあ…」と思いながら、本書の執筆に一生懸命に取り組みました。本書で学習するみなさんの英会話力が飛躍的に伸びることを信じます。頑張ってください！

著者一同

CONTENTS

はじめに ……………………………………………………………… 2
超万能ミニフレーズの練習法 ……………………………………… 8
本書の利用法 ………………………………………………………… 10

Chapter 1 ● スタートしよう
1語フレーズ BEST 10 …………… 13

BEST 1	**Gotcha!** 了解！	14
BEST 2	**Please!** 勘弁してよ！	16
BEST 3	**Well...** そうだなあ…。	18
BEST 4	**Done?** 終わった？	20
BEST 5	**Clear?** わかった？	22
BEST 6	**Bingo!** その通り！	24
BEST 7	**Whenever.** いつでもいいよ。	26
BEST 8	**Deal.** これで決まりだ。	28
BEST 9	**Yup.** うん。	30
BEST 10	**ASAP.** すぐにね。	32

Chapter 2 ● こんなに通じる
2語フレーズ BEST 50 …………… 35

BEST 1	**May I?** ちょっといいですか。	36
BEST 2	**For sure.** もちろん。	38
BEST 3	**You mind?** 悪いけどいい？	40
BEST 4	**Since when?** いつから？	42
BEST 5	**Any news?** 最近どう？	44

BEST 6	**Enjoy yourself!** 楽しんでね！	46
BEST 7	**That's why.** なるほどね。	48
BEST 8	**Well done!** よくやったね。	50
BEST 9	**Afraid so.** 残念ながらそうです。	52
BEST 10	**I'm good.** いいよ。	54
BEST 11	**Just wondering.** ちょっと気になってね。	56
BEST 12	**Everyone does.** みんなそうよ。	58
BEST 13	**Oh well.** まあいっか。	60
BEST 14	**I'm off.** 行ってきます。	62
BEST 15	**No choice.** 仕方がないよ。	64
BEST 16	**No clue.** 見当もつかないよ。	66
BEST 17	**Know what?** ねえねえ。	68
BEST 18	**Don't bother.** おかまいなく。	70
BEST 19	**Good grief!** なんてこった！	72
BEST 20	**I swear!** 本当だよ！	74

BEST 21-25	76	BEST 26-30	78	BEST 31-35	80
BEST 36-40	82	BEST 41-45	84	BEST 46-50	86

Chapter 3 ● 気持ちが伝わる
3語フレーズ **BEST 120** ……… 89

BEST 1	**Either is fine.** どっちでもいいよ。	90
BEST 2	**Something like that.** まあそんなところだよ。	92
BEST 3	**Thanks for everything.** いろいろとありがとう。	94
BEST 4	**Keep in touch.** 連絡してね。	96

BEST 5	**Let me know.**	知らせてね。	98
BEST 6	**Here you go.**	はいどうぞ。	100
BEST 7	**I'm not available.**	都合が悪いの。	102
BEST 8	**I miss you.**	寂しいよ。	104
BEST 9	**How's business going?**	仕事の調子はどう？	106
BEST 10	**Count me in.**	私も参加させて。	108
BEST 11	**Drop by anytime.**	いつでも寄って。	110
BEST 12	**Care for another?**	おかわりはいかが？	112
BEST 13	**Something came up.**	ちょっと用事ができちゃって。	114
BEST 14	**You got me!**	参った！	116
BEST 15	**Bear with me.**	ちょっと待ってね。	118
BEST 16	**Fill me in.**	詳しく教えて。	120
BEST 17	**No big deal.**	大したことじゃないよ。	122
BEST 18	**That reminds me.**	それで思い出した。	124
BEST 19	**We're all set.**	準備完了。	126
BEST 20	**Let's touch base.**	連絡を取り合おう。	128

BEST 21-25 ……… 130 **BEST 26-30** ……… 132 **BEST 31-35** ……… 134
BEST 36-40 ……… 136 **BEST 41-45** ……… 138 **BEST 46-50** ……… 140
BEST 51-55 ……… 142 **BEST 56-60** ……… 144 **BEST 61-65** ……… 146
BEST 66-70 ……… 148 **BEST 71-75** ……… 150 **BEST 76-80** ……… 152
BEST 81-85 ……… 154 **BEST 86-90** ……… 156 **BEST 91-95** ……… 158
BEST 96-100 ……… 160 **BEST 101-105** …… 162 **BEST 106-110** …… 164
BEST 111-115 …… 166 **BEST 116-120** …… 168

Chapter 4 ● 会話がはずむ
4～6語フレーズ BEST 120 ……… 171

BEST 1	**I'm counting on you.** 頼りにしてるよ。	172
BEST 2	**What makes you think so?** なぜそう思うの？	174
BEST 3	**The same to you.** あなたもね。	176
BEST 4	**I've heard all about you.** お噂はかねがね伺っております。	178
BEST 5	**Those were the days.** あの頃はよかった。	180
BEST 6	**I owe you a lot.** 本当にお世話になっています。	182
BEST 7	**That's the bottom line.** そこが重要な点だ。	184
BEST 8	**Let's play it by ear.** 臨機応変にやろう。	186
BEST 9	**Let me sleep on it.** 一晩考えさせてください。	188
BEST 10	**I'll give it my best shot.** 全力で頑張ってみます。	190

BEST 11-15 ……192	BEST 16-20 ……194	BEST 21-25 ……196
BEST 26-30 ……198	BEST 31-35 ……200	BEST 36-40 ……202
BEST 41-45 ……204	BEST 46-50 ……206	BEST 51-55 ……208
BEST 56-60 ……210	BEST 61-65 ……212	BEST 66-70 ……214
BEST 71-75 ……216	BEST 76-80 ……218	BEST 81-85 ……220
BEST 86-90 ……222	BEST 91-95 ……224	BEST 96-100 ……226
BEST 101-105 ……228	BEST 106-110 ……230	BEST 111-115 ……232
BEST 116-120 ……234		

超万能ミニフレーズの練習法

超万能ミニフレーズは次の4つのステップで練習しましょう。
しっかりと身につければ、英会話のあらゆるシーンで活躍、
とっさに口からパッとでるようになるでしょう。

CDを聞いて音を確認しよう

英会話を習得するときに大切なことは、まず、耳から「英語の音に慣れる」ということです。英語には日本語にない音がたくさんあります。同じフレーズを何度も聞いて、英語の音を自分の「音のレパートリー」にしていきましょう。相手の気持ちを理解しようと一生懸命に耳を傾けることがリスニングのポイントです。

発音練習をしよう

英語の発音で大切なことの1つに「音のつながり」があります。たとえば、「そう焦らないで」という意味のGive it time.の発音を〔ギヴ・イット・タイム〕のように「ぶつ切り」で覚えると、「通じる発音」は習得できません。〔**ギ**ヴィッ**タィ**ム〕というように、音のつながりやどこを強く発音するかを意識しながら、英語らしく、なめらかにリズミカルに発音することが、「通じる発音」への近道です。

使い方を理解しよう

英語と日本語では、場面によって表現の使い方や発想のしかたが異なることがあります。超万能ミニフレーズを覚えるときには、使い方や発想もいっしょに知っておきましょう。英語表現の特徴と使いこなすノウハウを身につければ、超万能ミニフレーズを使って、相手の気持ちをグッとつかむことができるようになります。

何度も音読をしよう

「英会話上手」になるためには、声に出して読む「音読」が有効です。CDを聞き、カタカナの発音表記を見ながら、自分でも声に出して何度も繰り返し言ってみましょう。「音読」なくして英会話の上達はありえません。きれいに発音できるようになれば、その発音は自分の耳も鋭敏にします。つまり、同時にリスニング力も強化できるのです。

本書の利用法

この本では、日常生活や仕事場で活躍する1〜6語の超万能ミニフレーズがマスターできます。短いフレーズなので、しっかり練習して、英会話で使いこなせるようにしましょう。

BEST 1-20

❶ 超万能ミニフレーズと日本語訳

フレーズには自然な日本語訳をつけました。「フレーズ＝日本語訳」のセットで覚えておきましょう。ただ、フレーズによっては別の意味で使うものもあります（☞「使い方のヒント」参照）。

❷ 発音のしかた

発音記号はわかりやすいようにカタカナで表記しました。また、発音のしかたのポイントを説明しています。この説明をヒントに自分で何度も発音してみましょう。

BEST 5

Any news?
最近どう？

🔊 [エニィ **ニュー**ズ ╱]

[エ]と[ニュ]を強く発音しましょう。newsは日本語のニュースではなくて[ニューズ]です。最後の[ズ]は少し弱めに発音すると自然です。

会話で使おう！

① 様子はどう？

A: Any news?
B: Not much.

（A: 最近どう？
B: まあまあだね。）

② 学校から帰ってきた時に

A: Any news?
B: I got a good grade in math.

（A: どうだった？
B: 数学でいい点数を取ったよ。）

BEST 21〜

BEST 21-25

21 ● もうちょっと聞きたい時に
Like what?　🔊 [ライク **ワ**ット ╲]

❸ 使い方のヒント

超万能ミニフレーズを上手に使いこなすためのヒントを紹介します。使うべきタイミングや使うときの注意点、日本語とのニュアンスの違いなどを取り上げます。また、表現のバリエーションも紹介しています。

> **使い方のヒント**
>
> 人と会って最初の方で、相手の調子を聞く時に使えるひと言です。What's up?（何かあった？）や What's new?（その後どう？）の代わりに使えます。この表現は、news（目新しいこと）に焦点を当てて聞く場合に適しています。
>
> Any news? と聞かれて、何も変わったことがなければ、Nothing new. や Nothing [Not] much. などと答えることもできます。

❹ 会話で使おう

超万能ミニフレーズを実際の会話で使った例を紹介します。A→Bの短いダイアログが場面別に3～4種類あります。

> **③ 会社の上司に聞かれたら**
>
> A: **Any news?**
> B: **I talked to the company this morning.**
>
> A: 何か新しい報告はあるかね？
> B: 今朝あの会社と話をしました。

❺ 表現ワンポイント

超万能ミニフレーズに組み込まれた単語や語句のさまざまな使い方を紹介します。表現に焦点を当てたミニコラムです。

> **表現ワンポイント**
>
> 相手の調子を聞く表現の中で、**Any news?** や **What's up?** などは比較的親しい相手（家族や友達、同僚、部下など）に使います。特に **What's up?** は友達同士で最もよく使われるくだけた表現なので、使い分けに注意しましょう。

Chapter 2, 3 の BEST 21 以降、Chapter 4 の BEST 11 以降は、リストでシンプルに紹介します。発音のしかたを確認して、自分でも声に出して言ってみましょう。「解説」で使い方のヒントを説明しています。

▶▶ どんな？

解説 I like that kind of clothes.（ああいう服が好きなの）と言われて、「どういうの？」と聞きたい時に使えます。曖昧な部分をもっと明確に聞きたい時に使えるフレーズです。

CDの使い方

付属CDを使って、練習を進めましょう。CDは次のように使うと効果的です。

❶ 超万能ミニフレーズの発音を確認しよう

本書ではネイティブスピーカーの発音で収録しています。
音のつながり、変化、強勢の置き方も自然なものです。
何度も聞いて、音の流れを耳で理解するようにしましょう。

❷ 超万能ミニフレーズを自分で言ってみよう

(英語) → (日本語) → (英語) → (ポーズ) の順番で録音されています。
ポーズのところで自分で声に出して言ってみましょう。

)) **Any news?**
▼
)) **最近どう？**
▼
)) **Any news?**
▼
ポーズ ここで言ってみましょう

❸ 会話を聞いてみよう

BEST 1〜20の超万能ミニフレーズは「会話で使おう！」のダイアログがすべて収録されています。どんなふうに使われているか、耳で確認しましょう。(Chapter 1とChapter 4はBEST 1〜10)

Chapter 1 ・ スタートしよう

1語フレーズ BEST 10

BEST 1

Gotcha!

了解!

🔊 [ガッチャ]

Got の Go の部分は口の大きい [ア] で強く発音し、[ガッ] となります。つなぐ [チャ] の部分は、短く発音します。

会話で使おう!

❶ 了解を示す

A: **Come straight home right after school.**
B: **Gotcha.**

(A: 学校が終わったら、まっすぐ家に帰ってくるのよ。
  B: 分かったよ。)

❷ 確認をする

A: **Meet me at the store.**
B: **Gotcha!**

(A: お店で会いましょう。
  B: 分かった!)

使い方のヒント

相手に言われたことを、軽く引き受ける時に使うひと言です。I got you.（あなたをつかまえた⇒あなたを正しく理解した）の文の got you の部分を短縮したものです。Okay. や Got it. という表現も、同じように使えます。通常、友達や家族など親しい間柄での会話で用いられます。

他にも、「きみ、引っかかったね！」という意味でジョークの場面で使われることもあります。

③ 依頼に答える

A: Will you bring me a coffee?
B: Gotcha!

A: コーヒー、持ってきてくれる？
B: 了解！

④ ジョークとして

A: I'm sorry to hear that.
B: Gotcha! I was just kidding.

A: それは気の毒だったね。
B: 引っかかった！冗談だよ。

BEST 2

Please!
勘弁してよ！

🔊 [プリーズ]

「勘弁してよ！」という意味で使う時は、[リ]の音を強調して発音します。lは舌先を上の歯の裏側に付けます。[リー]と伸ばして発音しましょう。最後の[ズ]は少し短めに発音します。

会話で使おう！

① 夕食はラーメン？

A: Let's have ramen for dinner.
B: Please!

A: 夕食はラーメンにしようよ。
B: 勘弁してよ！

② お手伝いを頼まれた時に

A: You need to clean up here.
B: Please!

A: ここの掃除、ちゃんとしてよ。
B: 勘弁してよ！

1語フレーズ BEST 10

相手に無理なことを頼まれて、「勘弁してよ！」「いい加減にしてよ！」と返す時に使います。他の表現としてCome on! もあります。

もちろん、Please? と最後を少し上がり調子で発音すると、通常「お願いします」の意味になります。Please. と下がり調子で言えば、「どうぞ」と相手にゆずる時や何かをあげる時に使えます。イントネーションの加減が重要ですね。

❸ 頼むよとお願いしたい時に

A: I'm supposed to finish up this filing?
B: Please!

> **A:** この書類整理を終わらせなきゃいけないの？
> **B:** 頼むよ！

表現ワンポイント

please は他の動詞と組み合わせて使うことで、様々に意味が変化します。特に、丁寧な表現によく使われます。

Please accept my sincerest apology.
（本当に申し訳ありません）
Please wait a moment. （ちょっとお待ちください）

BEST 3

Well...

そうだなあ…。

[ウェォ ↗]

最後の l の音もしっかりと発音しましょう。実際には [ォ] に近い音に聞こえます。最後の部分は、少し上がり調子で、次が続く感じを出すといいでしょう。

会話で使おう！

❶ 返答に悩む時に

A: What do you want to do tonight?
B: Well...

(A: 今夜は何したい？
B: そうだなあ…。)

❷ 一言で答えづらい

A: Where were you when I called last night?
B: Well...

(A: 昨晩電話した時、どこにいたの？
B: うーん…。)

1語フレーズ BEST 10

使い方のヒント

相手に何か聞かれてどうも答えにくい、もしくはひと言では答えられない、そんな時に使えるひと言です。「ええっと…」と何か考えながら言う感じで、言葉を探しているような印象になります。

また、話題を切り替える時に、「さて」という意味で使うこともあります。Well? と疑問形で聞くと、「(さて、その話は) どうなの？」と相手も分かってる共通の話題について相手に話をうかがうこともできます。

❸ 話題を切り替える時に

A: Well, let's talk about our next meeting.
B: How about we have it next Monday?

A: さて、次回の会議について話し合おう。
B: 次の月曜日に開くのはどうかしら？

表現ワンポイント

well には (副)「よく、うまく、十分に」や (形)「調子が良い」の意味もあります。**Well done!**（よくやった！上出来だ！）や **Well said.**（うまいこと言うね）などのフレーズも覚えておきましょう。

BEST 4

Done?

終わった？

🔊 [ダン ↗]

[ダ]はあまり伸ばさずに発音しましょう。また質問形で聞くときは、上がり口調で発音します。

会話で使おう！

① 仕事中に

A: **Done?**
B: **Yeah.**

(A: 終わったの？
  B: うん。)

② 宿題をしている子どもに

A: **Done?**
B: **No, don't bother me!**

(A: 終わった？
  B: まだだよ、邪魔しないで！)

使い方のヒント

相手がやっていることが終わったかどうかを確認する時に使えるひと言です。Are you done? を省略した形です。例えば、夕食の準備をしている母親に「もう終わった？」と聞く時に使えます。ただ、タイミングや口調を間違えると、相手をイラっとさせることもあるので気をつけましょう。

逆に Done! と言いきりで発音すれば、「よし、終わったぞ！」という意味になります。

❸ 仕事の終わりに

A: It's already five. Done?
B: Of course.

(A: もう5時よ。終わった？
B: もちろん。)

❹ 授業の最後に

A: That's all for today.
B: Done!

(A: 今日はこれで終わりです。
B: やっと終わった！)

BEST 5

Clear?
わかった？

🔊 [クリァ ↗]

[ク]は、日本語よりも少し口をすぼめて[ウ]を言う感じで発音するといいでしょう。質問として使う場合は、[リ]の後の[ァ]を少し強調して発音します。

会話で使おう！

① お小遣いは…

A: $10 a week. Clear?
B: Yes.

(A: 週に10ドルよ。わかった？
  B: うん。)

② ちゃんとわかった？

A: Clear?
B: Yeah. I'll finish it up.

(A: わかったの？
  B: うん。やっておくよ。)

1語フレーズ BEST 10

使い方のヒント

相手に理解を確認する時に使えるひと言です。Is it clear? を省略した形です。形容詞 clear には「はっきりした」や「きれいな」などの意味もありますが、このように「?」を付けて質問として使う時は「(しっかり) わかった？」や「理解できた？」という意味になります。

be clear の形で使う場合は、Let me be clear about one point.（一点はっきりさせたいことがあります）のように使います。

❸ 確認をする時に

A: We're going to stick to the agenda. Clear?

B: Yes.

> A: 議題に沿って進めていくことにします。わかりましたか。
> B: ええ。

❹ 説明や助言をする時に

A: That's all you need to do. Clear?

B: Uh-huh.

> A: それさえすればいいのよ。わかった？
> B: うんうん。

BEST 6

Bingo!

その通り！

🔊 [**ビィ**ンゴゥ]

[ビィ] の部分を一番強く発音します。[ビ] の後の [ィ] はあまり伸ばさないように注意しましょう。

会話で使おう！

❶ あなたの言う通り

A: **Let me see… Is it your birthday today?**

B: **Bingo!**

(A: ええっと…今日はあなたの誕生日？
  B: その通り！)

❷ 正解！

A: **So, you ate my cookies?**

B: **Bingo!**

(A: じゃあ、あなたが私のクッキーを食べたの？
  B: 正解！)

1語フレーズ BEST 10

「その通り！ぴったし！」のように、相手の言っていることを肯定する時に使います。本来は、ビンゴゲームで、最後の数字まで列が埋まった時に、手を上げてBingo! と言う時の言葉です。日常会話では、相手の言ったことが、自分の考えていることにピッタリ合った時に一番よく使われます。

他の表現に、Exactly! や Certainly! という言い方もあります。「まさに！」「もちろん！」という感じです。

③ 100%の同意を表す時に

A: You look like you want to go for dinner after work.

B: Bingo!

A: 仕事の後に食事に行きたいみたいだね。
B: もちろんよ！

④ 喜びや賞賛を表す時に

A: We got that contract.

B: Bingo!

A: あの契約、取れました。
B: やったー！

BEST 7

Whenever.

いつでもいいよ。

🔊 [**ウェ**ン**ネ**ヴァー]

everの部分は前のnとつないで[ネヴァー]と発音します。[ネ]を強調して発音することが重要です。

会話で使おう！

❶ 締め切りに対して

A: When should I finish this?

B: Whenever.

> **A:** いつこれを仕上げたらいい？
> **B:** いつでもいいよ。

❷ 待ち合わせ時間を聞かれて

A: When should I meet you for lunch tomorrow?

B: Whenever.

> **A:** 明日のランチ、何時に会えばいい？
> **B:** 合わせるよ。

1語フレーズ BEST 10

「いつでもいいですよ」や「あなたに合わせます」と言いたい時に使えるひと言です。「あなたが決めていいですよ」といったニュアンスがあります。

何か仕事を頼んだりした後に付け加えると、「いつでもいいから、お願いね」といった意味にもなります。

whenever とよく似た形の語として、whoever（誰でも）、whatever（何でも）、whichever（どれでも）などがありますが、混同しないように区別して覚えておきましょう。

❸ できるときはいつでも

A: Do you eat breakfast everyday?
B: Whenever possible.

A: 毎日朝ご飯を食べてる？
B: 出来るだけね。

表現ワンポイント

本来、接続詞として whenever が文の最初に付くと、「〜するときはいつでも」という意味になります。
Whenever I come to this cafe, I feel very relaxed.
（このカフェに来ると、いつもとても落ちつくわ）
Whenever I get upset, I try to count to ten.
（腹が立った時は、いつも10数えるようにしているんだ）

BEST 8

Deal.
これで決まりだ。

◉ [ディーォ]

[ディ]の部分を少し強めに発音します。[ディ]の後はあまり伸ばさずに、[ィ]と[ォ]をほぼ同時に発話するほうが自然です。lは実際には[ォ]に近い音に聞こえます。

会話で使おう！

① 友達に誘われた時に

A: Let's go for a drink. First round's on me.
B: Deal.

(A: 飲みに行こうよ。一杯目はおごるから。
  B: 決まりだね。)

② 週末のプランを決める時に

A: You do that, then we can have a party this weekend.
B: Deal.

(A: それをやれば、今週末はパーティーができるわよ。
  B: それで OK。)

1語フレーズ BEST 10

使い方のヒント

相談していて、何かが決まった瞬間に言うひと言です。「これで決まりだ」「それでOKだ」「商談 [取引] 成立です」などの意味を表す It's a deal. を短縮した言い方です。最後の [ォ] を上昇調に発音して疑問文の Deal? にすれば、「これでいい？」のような意味になります。

It's a done deal, but ～と言えば、「もう既に話し終わったことだけど、～」と相手にもう一度話し合いをお願いする時にも使えます。

❸ 商談をまとめる時に

A: **What do you say we give you a discount?**
B: **Deal.**

> A: 割引をさせていただくというのはどうでしょう。
> B: 商談成立です。

❹ 親子で相談中

A: **So, you want these shoes?**
B: **Yes, and I promise not to lose them. Deal?**

> A: じゃあ、あなたはこの靴が欲しいのね。
> B: うん、なくさないって約束するから。それでいい？

BEST 9

Yup.

うん。

🔊 [ヤップ]

[ヤ]はあまり長く伸ばさず、すぐに[ップ]につなげて発音します。[プ]は、唇を閉じて少し空気をためて一気に吹き出す感じです。ほとんど[プ]の音は聞こえず、吹き出す音がする程度です。

会話で使おう！

❶ 友達との会話で

A: Did you finish your homework?
B: Yup.

> A: 宿題は終わった？
> B: うん。

❷ 仕事仲間との会話で

A: You done with your meeting?
B: Yup.

> A: 会議は終わったの？
> B: ええ。

1語フレーズ BEST 10

使い方のヒント

「うん」や「ああ」という Yes のくだけた表現です。通常、家族や友達との会話に使います。

相手から分かりきったことを聞かれた時には「もちろんだよ、当たり前（当然）だよ」といったニュアンスで使われることもあります。

Nope. [ノウプ] は Yup. の反対で、No のくだけた表現です。相手への返答として「いいえ」「いや」や「やだよ」と言いたい時に使えます。目上の人に対しては、失礼に聞こえることもあるので注意が必要です。

❸ もちろんだよ

A: Are you coming straight home after work?

B: Yup.

A: 仕事が終わったら、真っすぐ帰って来るの？
B: もちろんだよ。

! 表現ワンポイント

英語では No の代わりに、よりカジュアルな Nope を使うこともよくあります。以下の会話例で、その使い方を確認しておきましょう。

Police officer: You were going over the speed limit, weren't you?
（警察官：制限速度を超えて走ってましたよね?）
Driver: Nope. （運転手：いいえ）

BEST 10

ASAP.

すぐにね。

🔊 [エィサァップ] または [エィエスエィピー]

前者は[エィ]の部分を強調する感じで発音します。後者は一文字一文字を読み、最後を強く発音します。

会話で使おう！

❶ 相手にせかされて

A: How soon do you want me to come?
B: **ASAP.**

> A: どのくらいすぐ行けばいい？
> B: 出来るだけ早くね。

❷ すぐに行きます

A: When can you be at my house?
B: **ASAP.**

> A: いつ私の家に来れる？
> B: すぐにね。

1語フレーズ BEST 10

使い方の**ヒント**

相手にすぐに何かをして欲しい時に使う言葉です。as soon as possible をビジネスレターやEメールなどで書く時に略して ASAP として使い始めたところから、日常会話でも同じ意味で使われるようになりました。

どちらかと言うと、上司が部下に対して話す時に使うような場面が多いので、目上の人に言う時は Could you hurry up? のように少し丁寧な言い方のほうが無難でしょう。

❸ すぐにやります

A: **Did you finish cleaning up your room?**
B: **I'll do it ASAP.**

A: 自分の部屋の掃除は終わったの？
B: すぐにやるよ。

❹ 至急のお願い

A: **I need your help ASAP!**
B: **Oh, okay.**

A: 今すぐに助けて欲しいの！
B: あっ、わかったよ。

みちくさ講座 ❶

プレゼントにまつわる「お作法」

　日本では、お中元やお歳暮など季節の贈り物をする時に「つまらないものですが…」と言い添えたり、プレゼントを渡した相手から感謝されて「いえいえ、大したものでなくて済みません」と返答したりすることがあります。

　アメリカでも、特にクリスマスには、盛大に家族や友達とプレゼントを贈り合います。しかし、その時はI hope you like it（気に入ってもらえると嬉しいです）やI thought it would look good on you.（あなたに似合うと思ったの）というように肯定的な表現を用い、自分がその贈り物を選んだ理由を述べたりして、相手に喜んでもらおうとします。

　また日本では、贈り物をもらってもその場では開けないのが一般的なマナーです。しかし、アメリカでは贈り物をもらうと、Can I open it now?（これを今開けてもいい?）と聞いて、その場で開けるのが普通です。そして、Thank you so much. I really like it.（本当にありがとう。私、それが本当に好きなの）やThis is exactly what I've wanted.（まさにこういうのが欲しかったの）とお礼や感想を率直に述べます。アメリカと日本の贈答文化の違いを比較するだけでも、面白い点がたくさん見えてきます。

Chapter 2 ・ こんなに通じる

2語フレーズ BEST 50

BEST 1

May I?
ちょっといいですか。

[メィ**アィ**↗]

[アィ]の部分を強く発音します。Mayの[ィ]はほとんど聞こえないくらいの音になります。

会話で使おう！

❶ 相談を持ちかける時に

A: May I?
B: Sure. What's up?

> **A:** 今、ちょっといい？
> **B:** もちろん。どうしたの？

❷ 部屋に入る前に

A: (Knock) May I?
B: Please. Come in.

> **A:** (ノック音) ちょっとよろしいですか。
> **B:** どうぞ。入ってください。

2語フレーズ BEST 50

使い方のヒント

相手に許可を求める時に使えるフレーズです。May I talk to you now?（今、話してもいい？）や May I ask you a question?（ちょっと質問してもいいですか）などの代わりに、May I? のひと言だけで通じるのです。

また、食事の途中で席を立つ時などに「ちょっと失礼」と言う時にも、Excuse me. よりも少し洗練されたニュアンスで使えます。

❸ 会議の中で

A: **May I?**
B: **Yes, please.**
A: **I have a question about the financial aspect.**

> A: いいですか。
> B: はい、どうぞ。
> A: 財政面に関して質問があります。

❹ レストランで

A: **May I? I need to take this call.**
B: **Sure.**

> A: ちょっといい？この電話に出なくちゃ。
> B: もちろん。

BEST 2

For sure.
もちろん。

🔊 [フォ**シュ**ァ]

[シュ]の部分を少し強めにして、その後の[ァ]は、ほとんど聞こえないくらいに発音しましょう。質問として聞く時は、sure の最後の部分が上昇調になります。

会話で使おう！

① パーティーに行く予定なら

A: Am I going to see you at the party tonight?
B: For sure!

A: 今夜のパーティーであなたに会えるの？
B: もちろん！

② 明日の天気は…

A: So, you think it might rain tomorrow?
B: Oh, for sure. The weather channel was saying that.

A: じゃあ、明日は雨かもしれないって思ってるの？
B: ええ、もちろんよ。天気予報チャンネルでそう言ってたもん。

2語フレーズ BEST 50

使い方のヒント

　確信を持って OK と言う時に使えるひと言です。何かを頼まれて「もちろん！」と言いたい時や、質問に対して「確かにそうです」と答える時に使えます。

　？を付けて質問として For sure? と聞く時は、「ホントに？」「確かにそうなの？」と相手に確認するひと言になります。

　文中では I'll be in touch with you for sure.（必ず連絡しますね）のように「必ず、きっと」という意味でも使えます。

---

③ 仕事を頼まれた時に

A: Think you'll finish this document by tomorrow?

B: For sure.

A: 明日までにこの書類、仕上げられると思う？
B: 確実です。

④ 噂を聞いた時に

A: I heard they broke up recently.

B: For sure?

A: 最近、彼ら分かれたそうよ。
B: まじで？

BEST 3

You mind?
悪いけどいい？

🔊 [ユ**マ**ィンド ↗]

[ユ]はあまり伸ばさず、[マィン]につなげます。最後の[ド]はかなり弱く発音しましょう。

会話で使おう！

❶ 窓を開けたい時に

A: **You mind?** I want to open the window.
B: Sure. Go ahead.

> A: ちょっと悪いけどいい？窓を開けたいんだ。
> B: もちろん。どうぞ。

❷ 重要な場面で席を立たないと行けない時に

A: **You mind?** I need to copy this.
B: Okay.

> A: 申し訳ないけど、いいですか。これをコピーしないといけないんです。
> B: 分かりました。

2語フレーズ BEST 50

> **使い方のヒント**
>
> 　　相手に許可を求める時に使うひと言で、Do you mind ～?（～を気にしますか）を省略した形です。May I? は単純に「いいですか」の意味ですが、You mind? はどちらかと言うと相手が気にするかもしれないことをお願いする時に使います。自分がたばこを吸ったり、大事な場面で退席したりする場合です。
>
> 　時には迷惑なことをしている人に You mind? と言えば、「ちょっとやめてもらえますか」と丁寧に頼む意味にもなります。

❸ タバコを吸っている人に

A: **You mind?** I'm feeling sick.
B: **Oh, I'm sorry.**

> **A:** ちょっと止めてもらえますか。気分が悪いんです。
> **B:** あっ、すみません。

> **表現ワンポイント**
>
> 　mind には「嫌がる、気にする」「気をつける」など色々な意味があります。**Should we eat pasta for dinner?** と聞かれた時に、何でもいい場合には **I don't mind. Anything is fine with me.**（構わないよ。何でもいいよ）と言って相手に合わせることもできます。

BEST 4

Since when?

いつから？

🔊 [スィンス**ウェ**ン↘]

Since の [ス] は [ウェン] とひと続きで発音しましょう。どちらかと言うと [ウェ] の方を強めに発音します。

会話で使おう！

① 病院で

A: I've been having this shoulder pain for a while.
B: **Since when?**

> A: このところずっと肩が痛いんです。
> B: いつからですか。

② 無理な頼み事をされた時に

A: You need to give me a ride. You owe me.
B: **Since when?**

> A: 乗せてってよ。私に借りがあるでしょ。
> B: いつからだよ？

使い方のヒント

「いつからそうなの？」という意味ですが、びっくりするようなことを聞いた時に「初耳だわ！」や「いつの間に！」といったニュアンスで使われることもあります。

Since when の後に文を続ける場合は、通常現在完了を用いて、Since when have you been worried about that?（一体いつからそのことを心配しているの？）のように言います。

❸ 思っても見なかったことを聞いた時に

A: I'm dating him, actually.
B: Since when?

> **A:** 実は、彼と付き合ってるの。
> **B:** いつの間に？（いつから？）

❹ うっかりしていた！

A: Oh, dear! The milk's expired.
B: Since when?

> **A:** あらまあ！牛乳が消費期限を過ぎてるわ。
> **B:** いつの間に？（知らなかった）

BEST 5

Any news?

最近どう？

🔊 [エニィ **ニュ**ーズ ↗]

[エ]と[ニュ]を強く発音しましょう。
news は日本語のニュースではなくて
[ニューズ]です。最後の[ズ]は少し弱め
に発音すると自然です。

会話で使おう！

① 調子はどう？

A: **Any news?**
B: **Not much.**

A: 最近どう？
B: まあまあだね。

② 学校から帰ってきた時に

A: **Any news?**
B: **I got a good grade in math.**

A: どうだった？
B: 数学でいい点数を取ったよ。

使い方のヒント

人と会って最初の方で、相手の調子を聞く時に使えるひと言です。What's up?（何かあった？）やWhat's new?（その後どう？）の代わりに使えます。この表現は、news（目新しいこと）に焦点を当てて聞く場合に適しています。

Any news? と聞かれて、何も変わったことがなければ、Nothing new. や Nothing [Not] much. などと答えることもできます。

③ 会社の上司に聞かれたら

A: Any news?

B: I talked to the company this morning.

> **A:** 何か新しい報告はあるかね？
> **B:** 今朝あの会社と話をしました。

表現ワンポイント

相手の調子を聞く表現の中で、**Any news?** や **What's up?** などは比較的親しい相手（家族や友達、同僚、部下など）に使います。特に **What's up?** は友達同士で最もよく使われるくだけた表現なので、使い分けに注意しましょう。

BEST 6

Enjoy yourself!

楽しんでね！

◉ [ィン**ジョ**ィュァ**セ**ルフ]

[ジョィ] と [ュァ] は別々ではなく、つなげて発音するときれいです。そして、特に [ジョ] の部分を強く発音しましょう。

会話で使おう！

❶ パーティーで

A: Thank you very much for the invitation.
B: My pleasure. Please enjoy yourself.

A: お招きいただきありがとうございます。
B: どういたしまして。どうぞ楽しんでくださいね。

❷ これから旅行に行く人達に

A: We are off to Italy.
B: Wow! Enjoy yourselves.

A: これからイタリアに行くのよ。
B: うわーすごい！楽しんでね。

2語フレーズ BEST 50

使い方のヒント

これから何か楽しいことをする相手に「楽しんで！」と言う時に使えるひと言です。相手が2人以上いる場合は、Enjoy yourselves! と複数形になります。

これからバカンスに出かける人や週末の前の金曜日に「いい時間を過ごしてね」という時や、自分の家でパーティーを開いた時にも使えます。

③ 職場で

A: **The weekend's finally here. Now I can go skiing.**
B: **Enjoy yourself.**

A: やっと週末だ。これでスキーに行けるよ。
B: 楽しんでね。

表現ワンポイント

パーティーで知らない人に **Enjoying yourself?**（楽しんでますか）と話しかけられることがあります。その場合は、**Yeah. I'm Hiroko...**（ええ。私はヒロコと言います…）と自己紹介をしながら楽しい会話に入っていくといいですよ。

BEST 7

That's why.

なるほどね。

🔊 [ダッッワィ]

That の [ダッ] の部分を一番強く発音します。why の最後の部分 [ィ] はほとんど聞こえないくらいに発音します。

会話で使おう！

① 相手は二日酔い

A: You look pale. What's wrong?
B: I have a hangover.
A: Ah, that's why.

> A: 顔色悪いね。どうしたの？
> B: 二日酔いなんだ。
> A: ああ、なるほどね。

② サプライズパーティーで

A: It was a great surprise party. You were acting so sneaky.
B: That's why.

> A: いいサプライズパーティーだったわ。あなた、かなりコソコソしてたわね。
> B: だからだよ。

2語フレーズ BEST 50

使い方のヒント

相手の言うことを聞いて、疑問に思っていたことの理由が分かった時に使えるひと言です。「ああ、なるほどね」「だからかあ」「そっかー」などの意味を表します。また、相手が Why 〜？と尋ねた場合の返答として理由を述べた後に That's why. と言えば、「だからだよ」「そういうわけなんだよ」の意味となります。

why の後に文をつなげて、That's why I told you.（だから言ったでしょ）や That's why I love you.（だからあなたって大好き）と言うこともできます。

---

❸ 寝坊した家族に

A: I was late for class this morning.
B: **That's why** I told you to go to bed early.

> A: 今朝授業に遅れちゃった。
> B: だから早く寝ろって言ったんだよ。

❹ ショッピング中に

A: I'll get you that necklace for your birthday.
B: Thank you! **That's why** I love you.

> A: 誕生日にそのネックレス買ってあげるよ。
> B: ありがとう！だからあなたって大好きなの。

BEST 8

Well done!
よくやったね！

🔊 [**ウェ**ルダン]

[ウェ]は口を少しすぼめて、空気を口の中にためる感じで発音しましょう。done の[ン]は弱めに発音します。

会話で使おう！

① ダンスコンクールで

A: I won first prize!
B: **Well done!**

(A: 1等賞取ったわよ！
  B: よくやった！)

② 試合で勝ったら

A: We won the match at the tennis tournament.
B: **Well done!**

(A: 私たち、テニスのトーナメント戦で試合に勝ったのよ。
  B: やったね！（おめでとう）)

2語フレーズ BEST 50

使い方のヒント

相手をほめる時やねぎらいの言葉をかける時に使えるひと言です。You have done well. を省略した形で、「うまく成し遂げた、立派にやった」といったニュアンスで用いられます。仕事で「ご苦労さま、お疲れさま」といった意味でも使えます。

さらに、同じような意味の You did a good job.（よくやったよ、上出来だよ）も覚えておきましょう。

③ 仕事の終わりに

A: We finished all the tasks for today.
B: Well done.

A: 今日の仕事は全部やり終えたよ。
B: ご苦労さま。

表現ワンポイント

ステーキの焼き加減のウェルダンは well-done です。ところで、**Well done is better than well said.**（立派に実行する方が立派にしゃべるより良い）という有名な諺があります。「不言実行」が大切という意味ですね。

51

BEST 9

Afraid so.
残念ながらそうです。

[アフ**レイ**ドソゥ]

Afraidの[レイ]の部分を強調して発音し、その後の[ド]は弱めに。続くsoは[ソー]と長く伸ばさずに、[ソゥ]と短めに発音します。

会話で使おう！

❶ せっかくの休みなのに…

A: You are going on a business trip during Thanksgiving?
B: Afraid so.

- A: 感謝祭中に出張に行くの？
- B: 残念ながらね。

❷ 記念日だけど…

A: You'll miss our wedding anniversary?
B: Afraid so.

- A: あなた、結婚記念日にいないの？
- B: 残念だけど。

使い方のヒント

　何かネガティブな報告や質問に対して、「そうなんです」と答える時に使えるひと言です。I'm afraid so.（残念ながらそのようです）を省略した形です。また、頼まれたことが出来そうにない時に「難しいかも…」というニュアンスで用いられることもあります。
　逆に楽観的に答える時は、I hope so.（そうだといいね）という表現が使えますね。

❸ ホテルで

A: You're fully booked, aren't you?
B: Afraid so.

A: 満室なんですね。
B: 残念ながらそうです。

❹ 歯科医院で

A: I think I might have a cavity.
B: Afraid so.

A: 虫歯になったみたいです。
B: 残念ながらそうですね。

BEST 10

I'm good.

いいよ。

🔊 [**ア**ィ**ム**グッド]

I'mの[ム]の部分は弱めに発音しましょう。続くgoodの[ド]はほとんど聞こえないくらいで、[グッ]の部分を強調して発音してください。

会話で使おう！

① 調子を聞かれた時に

A: How are you?
B: I'm good.

（A: 調子はどう？
B: いいよ。）

② 仕事の調子を聞かれた時に

A: How're you getting on at the new job?
B: I'm good.

（A: 新しい仕事の調子はどう？
B: いい感じよ。）

使い方のヒント

2語フレーズ BEST 50

　調子を聞かれた時に、「いい具合ですよ」という時に使えるひと言です。また、相手が何かを勧めてくれた時にやんわり断るときにも「大丈夫です（要りません）」として使えます。つまり、I'm fine. と同じように使えるわけです。

　反対に、I'm no good. は「全然だめだ」になりますし、at を付けて I'm no good at this.（私、こういうことは得意じゃないの）と言うこともできます。

③ 飲み物を勧められた時に

A: Do you want another glass of wine?
B: I'm good.

A: もう一杯ワインはいかが？
B: 大丈夫です。

④ 飛行機の中で

A: Would you like some more coffee?
B: No, thanks, I'm good.

A: もう少しコーヒーはいかがですか。
B: いいえ、結構です。

BEST 11

Just wondering.
ちょっと気になってね。

🔊 [**ジャ**スト**ワ**ンダリン]

最初の[ジャ]を強く、その後の[ト]はほとんど聞こえないぐらい弱く発音します。wonderingは[ワ]の部分を強調して発音しましょう。[ワ]は口の開きが中くらいの音です。

会話で使おう！

① 昨夜は何してたの？

A: What were you doing last night?
B: I was out with my friends. Why?
A: Just wondering.

> **A:** 昨日の夜は何してたの？
> **B:** 友達と出掛けてたよ。なんで？
> **A:** ちょっと聞いてみただけ。

② 予定を聞きたい時に

A: What are you going to do tonight?
B: I have to help my grandma with something. Why?
A: Just wondering. I thought maybe we could go out.

> **A:** 今夜は何する予定？
> **B:** おばあちゃんの手伝いをちょっとしなくちゃいけないんだ。どうして？
> **A:** ちょっと知りたかっただけ。一緒に出掛けられるかなって思ってね。

2語フレーズ BEST 50

使い方のヒント

何となく気になっていたことを聞く時に使えるひと言です。I was just wondering. の I was を省略した形です。「ちょっと気になってね」や「ちょっと疑問に思っただけ」といった意味を表します。

また、誰かを誘った時に断られたら、「まあいいよ、(一緒に行けたらなって) 思ってただけだから」というニュアンスで使えます。

---

❸ ちょっと知りたくて…

A: Just wondering, are you going to the conference next month?

B: Yes. How about you?

(A: ちょっと気になってたんだけど、来月の会議には行くの？
B: ええ。あなたは？)

表現ワンポイント

丁寧に相手の予定を聞く時に **I'm [I was] just wondering if you could see me next week.**（来週お会いできればと思っていますが）と言えば、「考えている」もしくは「思っている」という部分を強調することができ、相手に合わせるニュアンスが生まれます。

BEST 12

Everyone does.

みんなそうよ。

🔊 [**エ**ヴリィワン**ダ**ズ]

最初の[エ]を強く発音しましょう。does[ダズ]は強調して少しゆっくり目に発音すると自然に聞こえます。

会話で使おう！

① 学校で

A: I was late for class. I overslept.
B: Everyone does.

> A: 授業に遅れちゃったわ。寝坊したの。
> B: みんなやるよ。

② エアコン切り忘れた！

A: Oh, I forgot to turn off the air conditioner at home.
B: Everyone does.

> A: あっ、家のエアコン、切るのを忘れちゃったわ。
> B: みんなやるよね。

2語フレーズ BEST 50

使い方のヒント

相手が失敗してしまって、それを励ます時によく使うひと言です。「みんながやることよ」という意味に加えて、「あなただけじゃないわ」というニュアンスを表します。相手の状況に同情を示すような場合にも用いられます。

また、文末に it を付けて、Everyone does it. と言うこともあります。

③ 仕事で

A: I'm having a hard time with that client.

B: Everyone does.

A: あのクライアントには苦労するんだよね。
B: みんなそうよ。

表現ワンポイント

少し似ている表現として、**As everyone else does.**（みんなと同じように）があります。こちらは、同情を示す表現ではありません。周りの空気を読んで、「みんなと同じように」行動しなさい、というような場合に使われます。

BEST 13

Oh well.

まあいっか。

[オゥウェォ]

Oh は、単独で驚きを表す時は [オゥ] を強調して発音するよりも、少し平坦な感じで発音する方が自然です。well の [ウェ] は口を少しすぼめて、空気を口の中にためる感じです。

会話で使おう！

① コーヒーには…

A: We are out of half-and-half.
B: Oh well. Milk is fine.

> A: コーヒー用クリームが切れてるわ。
> B: まあいいよ。牛乳でもいいから。

② 学校で

A: We have so many tests next week.
B: Oh well.

> A: 来週はたくさんテストがあるよね。
> B: まあ仕方ないさ。

使い方のヒント

妥協を表す時やとりあえず状況を受け入れようとする時に使えるフレーズです。「まあいっか」「仕方ないか」という時に使えます。

Oh well. には、少しマイナスな面があるけれども、気を取り直して頑張ろうというニュアンスが含まれます。

❸ 謝られたら…

A: I'm sorry I missed your birthday.
B: Oh well. You were really busy.

> **A:** 誕生日を忘れててごめんね。
> **B:** 仕方ないわよ。あなた、本当に忙しかったもの。

表現ワンポイント

Oh well. と似たような状況で使われる **Whatever.**（どうでもいいや）という表現があります。これはどちらかというと投げやりな「知ったこっちゃない！勝手にしろ！」といったネガティブなニュアンスがあるので、使い方に注意しましょう。

BEST 14

I'm off.
お先に失礼します。

[アィム**オ**フ]

[オフ]の[オ]を強調する感じで発音しましょう。off の[フ]はほとんど聞こえない感じです。

会話で使おう！

① 仕事が終わって退社する時に

A: I'm off. Bye.
B: Have a nice weekend!

A: お先に失礼します。さようなら。
B: よい週末を！

② 学校で

A: I'm off.
B: Are you done with classes?

A: もう帰るよ。
B: 授業は終わったの？

2語フレーズ BEST 50

使い方のヒント

仕事が終わって帰る時や出掛けようとしている時に、使えるフレーズです。

本来、形容詞 off は「休みの」という意味ですが、その場から立ち去ったり、仕事を終えたりという時にも使えます。

日本語では「行ってきます」としても使えます。そのタイミングで使えるフレーズとして I'm leaving now. もあります。

---

❸ もう行かなきゃ！

A: Can you talk now?
B: I'm off. I have to catch the train.

A: 今話せる？
B: もう出掛けるの。電車に乗らなきゃいけないよ。

❹ 会議の途中で

A: I can see you're busy.
B: Yeah, I'm off to another meeting now.

A: 忙しそうね。
B: うん、今からもう一つの会議に行くんだよ。

BEST 15

No choice.
仕方がないよ。

🔊 [ノゥチョィス]

[ノゥ]と[チョ]の部分は強く、逆に最後の[ス]の部分は弱く発音します。日本語のチョイスは最後のスまでしっかり発音しますが、choice の最後の[ス]は弱めに発音します。

会話で使おう！

① 駐車違反をした人に

A: Why do I have to pay this parking ticket?

B: No choice.

> A: どうして私がこの駐車違反切符の罰金を払わなきゃいけないのよ？
> B: 仕方ないよ。

② 叱咤激励をする時に

A: I have finals next week.

B: You've got to study hard. No choice!

> A: 来週は期末テストだ。
> B: しっかり勉強しなさい。やるしかないでしょ！

使い方のヒント

今の状況を受け入れるしかないような時に使えるひと言です。～ have no (other) choice. や There is no choice. を省略した形です。「仕方がない、止むを得ない」といった意味になります。

必ずしも投げやりな感じだけではなく、時には相手や自分の今の状況を受け入れて頑張ろう！といったニュアンスでも使われます。

また、相手に何かを要求する状況でも、「もうやるしかないよ」といった意味でも使われます。

❸ 残業しなければいけない時に

A: We need to stay late to finish these documents.
B: Yup, no choice.

A: これらの書類終わらせるには残業だな。
B: そう、しょうがないわ。

❹ 食事中に

A: Do I have to finish this vegetable soup?
B: Yes. There's no choice here.

A: この野菜スープ、全部飲まなきゃだめ？
B: そうよ。当然でしょ。

BEST 16

No clue.

見当もつかないよ。

🔊 [**ノゥｯルー**]

[ノゥ] と [ルー] を強めに発音しましょう。clue の l は舌を歯の裏につけて発音し、[ルー] と伸ばしましょう。

会話で使おう!

❶ 家族との会話で

A: Do you know where your brother went?
B: No clue.

A: お兄ちゃんはどこに行ったか知ってる？
B: 知らないよ。

❷ テストのヤマは？

A: Do you have any idea what's on tomorrow's test?
B: No clue.

A: 明日のテスト、何が出るか分かる？
B: 見当もつかないよ。

2語フレーズ BEST 50

使い方のヒント

　相手から見当もつかないことやよく知らないことを聞かれた時に使えるひと言です。I have no clue. を省略した形です。clue は「鍵」や「ヒント」などの意味で使われますが、ここでは「全くわからない」「見当がつかない」という意味になります。同じ意味で、Not a clue. と言うこともあります。

　また、No clue at all. や No clue whatsoever. と言えば、さらに強調された意味になり、「何がなんだかさっぱりわからない」という意味になります。

---

❸ 人事異動の時期に

A: Do you know who's going to be our next boss?

B: No clue.

A: 次の上司は誰になるのか知ってる？
B: 分からないわ。

❹ レストランで

A: I wonder what's in this cake.

B: No clue.

A: このケーキ、何が入ってるんだろう。
B: 見当もつかないわ。

BEST 17

Know what?

ねえねえ。

[ノゥワッ↗]

口を少し開け、中に空気を含む感じで[ワッ]と発音します。what の[ト]は口をすぼめて空気を出す程度で発音します。

会話で使おう！

❶ 朗報を伝えたい時に

A: Know what?
B: What?
A: I got an A+ in physics.

> A: ねえねえ。
> B: 何？
> A: 物理で A+ の成績を取ったのよ。

❷ 話を切り出す時に

A: Know what?
B: What?
A: I got a promotion at work.

> A: ちょっと話があるんだけど。
> B: 何？
> A: 俺、昇進したんだ。

使い方のヒント

突然、話を切り出す時やニュースを親しい人に伝える時に使えるひと言です。You know what? を省略した形です。相手の注意を引く時に「ねえねえ、あのさー」と言ったり、話がある時に「ちょっと話があるんだけど」と言う時の表現ですね。

Guess what? や You know something? も同じ意味でよく使われるフレーズです。目上の人に対しては May I? の方が適切です。

③ レストランでメニューを見ながら…

A: Know what? They have our favorite pasta!
B: Yeah, you're right.

A: ねえ知ってる？僕たちの大好きなパスタがあるよ！
B: うん、その通りだね。

④ 良くない知らせを伝える時にも

A: Know what?
B: What?
A: I broke up with my girlfriend.

A: あのさー。
B: 何？
A: 彼女と別れたんだ。

BEST 18

Don't bother.

おかまいなく。

[ド**ウ**ントボ**ダ**ー]

Don't の [ント] はかなり弱めに発音します。bother の th の部分は歯の間に舌を挟んで [ダ] と発音しましょう。

会話で使おう！

① コーヒーを入れてあげると言われて…

A: Let me make you some coffee.
B: Oh, don't bother.

A: コーヒーを入れてあげるわ。
B: あっ、おかまいなく。

② 勉強中に

A: Would you like to come down and have me make you some tea?
B: Don't bother. I have to finish my homework.

A: 下に降りて来て、お茶を入れてあげるから飲まない？
B: いいよ。宿題を終わらせなきゃいけないから。

2語フレーズ BEST 50

> **使い方のヒント**
>
> Don't bother. は相手に迷惑をかけたくない時に使えるひと言です。「おかまいなく」「結構です」「ご心配なく」と言う意味です。この bother は自動詞で「わざわざ（〜）する」の意味を表します。
>
> ただし、他人に邪魔されたくない時、煩わされたくない時には Don't bother me!（邪魔しないでくれ！ほっておいてくれ！）と言います。この場合の bother は他動詞で「邪魔する、困らせる」の意味を表します。

---

❸ お茶会で

A: Would you like me to bring out some cookies?

B: Please don't bother.

> A: クッキーをお持ちしましょうか。
> B: どうぞお構いなく。

❹ 取引先で

A: I'll walk you out.

B: No, don't bother to see me off.

> A: 外までご一緒します。
> B: いいえ、見送っていただかなくても結構ですよ。

BEST 19

Good grief!
なんてこった！

[グッドグリーフ]

Good の [グッ] と grief の [リー] を強く発音します。最後の f は音は弱いですが、それでもきちんと [フ] の音を発音しなければいけません。

会話で使おう！

① テストなのに？

A: I totally forgot about today's test.
B: **Good grief!**

A: 今日のテスト、すっかり忘れていたわ。
B: なんてこった！

② 携帯電話を紛失！

A: I lost my cell phone.
B: **Good grief!**

A: 携帯電話、失くしちゃった。
B: なんてことだ！

使い方のヒント

何かに驚いたり、あきれたりした時に使えるひと言です。grief は「嘆き、悲しみ」という意味ですが、ここではそういったネガティブな意味はありません。ちょっとため息をついて「やれやれ！」「まいったよ！」「なんてこった！」「信じられない！」といったニュアンスを表します。

アメリカで有名な Peanuts（ピーナッツ）という漫画の中でスヌーピーの親友のチャーリー・ブラウンが、よく使うフレーズとして有名ですね。

❸ 友達の離婚のことで

A: They're getting divorced too.
B: Good grief!

A: 彼らも離婚するんだよね。
B: 信じられない！

❹ 遅刻常習犯

A: They said they will be late again.
B: Good grief!

A: 彼ら、また遅れるって。
B: やれやれ！

BEST 20

I swear!

本当だよ！

[**ア**ィスウェァ]

swear の方を強く発音します。[ウェ]を強く発音し、[ァ]と弱めに流すように発音します。

会話で使おう！

❶ 怪しまれたら

A: Are you sure you didn't tell her about our plan for her birthday?
B: **I swear!**

A: 彼女に誕生日の計画のこと、本当にしゃべってないわよね？
B: 本当だよ！（何も言ってないよ）

❷ 絶対に悪いことしてないよ

A: Are you up to something?
B: **I swear** I'm not doing anything wrong.

A: 何かたくらんでるの？
B: 絶対に悪いことなんか何もしてないよ。

2語フレーズ BEST 50

> 使い方のヒント
>
> 「本当に！絶対に！」と強調して言う時に使えるひと言です。swear は本来「誓う」という意味ですが、アメリカでは法廷で証言するときに聖書に手を置いて片手を挙げて「真実を述べます」と誓うことから、「本当に！絶対に！」と言う時にもこの言葉を使うようになりました。
>
> 　肯定・否定のどちらにも使えますが、I swear it was not me!「絶対に私じゃない！」のように強く否定する時によく使う傾向があります。

❸ 絶対に食べてないよ

A: You ate my yogurt, didn't you?
B: I swear to you. I didn't even touch it.

(**A:** 私のヨーグルト食べたでしょ？
　B: 誓って言うよ。触ってもないからね。)

> ❗ 表現ワンポイント
>
> I swear は文の最後に付けて、言っていることを強調すると共に、謝る時にも使えます。例えば **I will never lie again, I swear.** と言えば、「絶対もう二度と君に嘘をつかないよ、誓うよ（許して）」という意味になります。

BEST 21-25

21 ● もうちょっと聞きたい時に
Like what? [ライクワット↘]

22 ● 何かを頼む時に
Would you? [ウジュ↗]

23 ● いつもと変わらない日常に
Nothing much. [ナッスィンマッチ]

24 ● 感謝の気持ちを伝える
Thanks much. [サンクスマッチ]

25 ● 全く見当がつかない時に
No idea. [ノウアィディア]

2語フレーズ BEST 50

▶▶ どんな？

解説　I like that kind of clothes.（ああいう服が好きなの）と言われて、「どういうの？」と聞きたい時に使えます。曖昧な部分をもっと明確に聞きたい時に使えるフレーズです。

▶▶ いいですか。

解説　本来は「〜していただけますか」という丁寧な聞き方に使われますが、すでに分かりきった状況では Would you?（いいですか）だけで使えます。また、Give me a minute, would you?（今ちょっといいよね？）のようにも使えます。

▶▶ 変わりないよ。

解説　What's up?（どう調子は？）や What's new?（何か新しいことあった？）と聞かれた時に使えるひと言です。同じような表現に Not much. や Nothing special. というのもあります。

▶▶ ありがとう。

解説　Thank you. よりもカジュアルな表現です。友達や家族など親しい相手に用いられます。Thank you very much. を省略した形です。「昨日はありがとう」という場合は、Thanks much for yesterday. と言います。

▶▶ 全く分からないのよ。

解説　Do you know where she went?（彼女どこに行ったか知ってる？）と聞かれた時に「それがまったく分からないのよ」と実情を伝える場合に使えるフレーズです。I have no idea. を省略した形です。

BEST 26-30 CD 32

26 ● 励(はげ)ましたい時に
Cheer up. [チィア**アッ**プ]

27 ● ちょっとうんざりした時に
What now? [ワットナゥ↘]

28 ● 案内する時に
Follow me. [フォロゥミー]

29 ● 何かを試してみる時に
Just watch. [ジャスト**ウォ**ッチ]

30 ● はっきり断言できない時に
Not quite. [ノットク**ワイ**ト]

2語フレーズ BEST 50

▶▶ 元気を出して。

解説 cheer は「応援する、喝采する、元気づく」などの意味ですが、Cheer up. は人を元気づけたり、人の気分を引き立てたりする時に使えるひと言です。相手ががっくりしている時に言ってあげましょう。

▶▶ 今度は何？

解説 何度も質問されたり、頼まれたりしてちょっとうんざりした時に「今度は何なの？」と言う時に使えるひと言です。Now what? と言っても OK。トラブルが繰り返された後に「もう、どういうこと？」といったニュアンスでも使えます。

▶▶ こちらへどうぞ。

解説 家にゲストを招いたり、会社の応接室に顧客を案内する時に「こちらへどうぞ」と言う場合のひと言です。「私について来てください」という意味で、This way, please. と同じです。レストランでウェイターに言われることもあります。

▶▶ まあ見てて。

解説 「まあ見てみなさい」「仕上げをごろうじろ」といった感じで何かをやって見せる時に使えるひと言です。例えば、開けにくい瓶のふたを開けてあげる時や、動かないコンピュータの修理をしてあげる時とかです。

▶▶ そうでもないね。

解説 相手に聞かれたことに対して、yes とも no とも言えない曖昧な返答をする時に使えるひと言です。例えば、Are you okay?（大丈夫？）と聞かれて「そうでもないんだ」と答える場合です。Not really. や Not exactly. も同じ意味です。

BEST 31-35

31 ● 何かを頼まれた時に
Will do. [ウィルドゥ]

32 ● やんわり断る時に
Maybe later. [メイビィレイター]

33 ● ぴったりの言葉が見つからない時に
Sort of. [ソーロヴ]

34 ● 人を励ましたい時に
Hang on. [ハングオン]

35 ● 非現実的な人に
Get real. [ゲットリアオ]

2語フレーズ BEST 50

▶▶ いいよ。

解説 Will do. は I will do it. を省略した形で「了解です」「分かったよ」の意味を表します。例えば、「お風呂の掃除をしてくれる？」と頼まれた時に、Will do.（了解）と返答できます。非常にカジュアルな表現です。

▶▶ そのうちにね。

解説 何かを頼まれたり、誘われたりした時にはっきりいつとは言わずに断る時に使います。「そのうちにね」「また今度ね」という意味で、場合によっては、少しつれない返答に聞こえることもあります。

▶▶ まあね。

解説 Sort of. は「まあね」「ちょっとね」「そんな感じだね」といった意味を表します。Kind of. も同じ意味で使われるフレーズなので、一緒に覚えておきましょう。

▶▶ 頑張って。

解説 Hang on. は気弱になりかけている相手に「しっかり頑張って」「もうちょっと辛抱して」と言いたい時に用いられます。Hang on. には「電話を切らずにちょっと待って」の意味もあります。

▶▶ ふざけるな。

解説 ちょっとのぼせたような相手に「現実に目を向けろ」「本気になれ」と諭す時に使えるひと言です。非現実的な夢ばかりを語る人、物事をふまじめに考える人に対して、言ってあげると効果的なフレーズです。

BEST 36-40

36 ● 相手の話を信じられない時に
Wanna bet? [ワナ**ベット**↗]

37 ● 相手が真剣に話しているのか確認したい時に
For real? [フォ**リァ**ォ↗]

38 ● 経緯を聞きたい時に
How so? [ハゥ**ソゥ**↘]

39 ● 相手の発言が聞こえなかった時に
Come again? [カマァ**ゲイン**↗]

40 ● 飲み物などを注ぐ時に
Say when. [セィ**ウェン**]

2語フレーズ BEST 50

▶▶ まさか！

解説 相手の話を信じられない時に、「まさか！」「冗談だろ！」「そんなことがあるか！」の気持ちを表せるひと言です。また、Are you sure?（ホントに？）と聞かれて、Yes, wanna bet?（うん、本当だよ、賭ける？）と言う時にも使えます。

▶▶ まじ？

解説 相手が真剣に言っているのかどうかを確かめたい時に使えるフレーズです。「本気で言ってるの？」「本当？」「まじ？」というニュアンスです。逆に For real. と下降調に発音すれば、「そうなのよ」の意味になります。

▶▶ どうして？

解説 Why?（どうして？）は理由を聞く場合に用いられますが、How so? は「どういう事でそうなったの？」と結果・結論に至るプロセスを説明してもらいたい時に使うひと言です。

▶▶ もう一度言って。

解説 相手が言ったことがよく聞き取れなかった場合に「もう一度言って」という意味で使えるひと言です。What did you say? と同じ意味ですね。相手の言ったことに腹を立てながら言うと、「えっ？何だと？」の意味になります。

▶▶ そこまでって言って。

解説 相手にお酒や飲み物を注いであげる時にどこまで注げばよいか分からない時に使うひと言です。「（ちょうどいい量のところで）そこまでって言って」という意味です。そう聞かれたら、When. や That's enough. と答えます。

BEST 41-45

41 ● ちょっとあきれた時に
Anything goes. [エニスィンゴゥズ]

42 ● 悪気がないことを伝える時に
No offense. [ノゥオフェンス]

43 ● 見当もつかない時に
Beats me. [ビーツミィ]

44 ● 納得した時に
That figures. [ダットフィギャーズ]

45 ● こだわりがない時に
I'm easy. [アィムイーズィ]

2語フレーズ BEST 50

▶▶ 何でもありだね。

解説 例えば、子供がやり放題遊んでいるのを見て「何でもありだね」「何でもOKだね」とコメントする時に使えます。学校でも企業でもこの世の中ではどんなことでもまかり通る感じがしてあきれてしまう場合にも使えます。

▶▶ 悪く取らないでね。

解説 「悪く取らないでね」「悪気はありません」「気を悪くしないでね」と言いたい時に使えるひと言です。No offense meant. や No offense intended. とも言います。No hard feelings. も同じ意味です。

▶▶ さっぱりわからないよ。

解説 予想もつかないことを聞かれた時に「全然わからない」と言う時に使えます。It beats me. を省略した形です。Search me. も全く同じ意味のフレーズです。こちらは You can search me. を省略した形です。

▶▶ なるほど。

解説 figure には「考える、推測する」などの意味がありますが、このフレーズは相手が言ったことで、何かの説明がついた時に用いられます。「なるほど、それで説明がつく」「それならわかる」のようなニュアンスです。

▶▶ それでいいよ。

解説 この場合の easy は「(要求が) きつくない、厳しくない」という意味です。何かを決めようとする時に、「(自分にはこだわりがないから) それでいいよ」「私は何でも (どっちでも) いいよ」という感じで使えます。

BEST 46-50

46 ● 楽しいことを始める時に
Let's roll. [レッツロゥォ]

47 ● 相手の言い分を飲む時に
Suit yourself. [スートュァセルフ]

48 ● とても驚いた感じで
Fancy that! [ファンスィダット]

49 ● あっさりと断る時に
Nothing doing. [ナッスィンドゥイン]

50 ● 甘い考えをしている人に
Wishful thinking. [ウィシュフルスィンキン]

▶▶ さあ始めよう。

解説 ここでの roll は「取り掛かる、始める」という意味です。Let's roll. は何か楽しいことを始める時や楽しいことへ向かって行こうとする時に使います。ドライブや旅行に行く前なら「さあ行こう」の意味になります。

▶▶ 好きにすれば。

解説 兄弟姉妹を映画に誘ったのに、今日は宿題をしなきゃと断られた時に、「じゃあ、好きにすれば」「あっそ、どうぞご勝手に」というニュアンスで使えます。ちょっと突き放したような印象になる場合もあるので、注意して使いましょう。

▶▶ すごーい！

解説 何か特に驚くべきことを聞いた時に「すごーい！」「信じられない！」「それは驚きだ」というニュアンスで用いられます。同じような意味のフレーズに Imagine that! があります。使い方もよく似てますね。

▶▶ まっぴらごめんだね。

解説 相手の依頼、要求、提案をきっぱりと断る場合に使えるひと言です。「まっぴらごめんだ」「絶対にだめ」「それはお断りだ」という意味です。少しぶしつけな言い方なので、友達や家族以外には使わない方がいいでしょう。

▶▶ ちょっと甘いんじゃない。

解説 wishful thinking とは「希望的観測」という意味です。相手が言ったことが実現しにくい甘い考え方だなと思った時に使えるひと言です。That's [It's] wishful thinking. を省略した形のフレーズです。

みちくさ講座 ❷

「がんばらない」文化？

　海外の人から、日本人はよく workaholic（仕事中毒者）と揶揄されることがありますが、アメリカの労働者と日本の労働者を比較すると、働き方に関する考え方に大きな違いが見られます。

　例えば、日本ではこれから仕事に出掛ける人を「がんばってね」と送り出しますが、アメリカでは Don't work too hard.（働き過ぎないようにね⇒無理をしないでね）と言うことはあっても、Work hard.（一生懸命働きなさい）と言うことはありません。

　また、日本の職場では帰ろうとする同僚に「お疲れさま」とねぎらいの言葉を掛けますが、アメリカでは Have a nice evening.（よい夜を過ごしてね）や See you tomorrow.（また明日ね）などと挨拶をします。

　アメリカの職場には、家族写真をずらりと飾っている人が多いですが、日本ではほとんど見かけません。仕事とプライベートを明確に分ける日本に比べて、アメリカでは「家族のために働く」という意識が強く、家族との時間を十分に持てるような働き方をする人が多いように思われます。独身者であっても、「会社のために働く」ではなく、「自分のために働く」と考えるのが普通です。自分の時間、趣味、その他大切なものを犠牲にしてまでして、会社に尽くす・仕えるという考え方を持つ人はほとんどいないわけです。

Chapter 3 ・ 気持ちが伝わる

3語フレーズ BEST 120

CD 35 〜 CD 64

BEST 1

Either is fine.
どっちでもいいよ。

🔊 [**イー**ダーイズ**ファ**ィン]

[ダー]の the は舌を歯で挟む感じで発音します。最後の[ィン]の部分はほとんど聞こえないぐらい弱く発音します。

会話で使おう！

① ショッピングの場所を決めている時に

A: Which do you prefer, Macy's or Sears?
B: Either is fine.

(A: メイシーズとシアーズのどっちが好き？
  B: どっちでもいいよ。)

② レストランで

A: Pasta or pizza?
B: Either is fine with me.

(A: パスタとピザ、どっちにする？
  B: 僕はどっちでも構わないよ。)

3語フレーズ BEST 120

使い方のヒント

どっちがいいかを聞かれた時、決められない、もしくはどちらでも構わないという場合に使えるひと言です。例えば、お呼ばれしたお宅で「コーヒーか紅茶かどちらがいいですか」と聞かれた時に、「どちらでも構いませんよ」と言う時に使えます。「どちらでも相手の都合の良い方で結構だ」といったニュアンスを含みます。

fine の後に with や for や by を付けて、Either is fine with [for/by] me. ともよく言います。

❸ バケーションの行き先は？

A: I wonder if Malaysia is better than Thailand.
B: Either is fine, I suppose.

A: マレーシアのほうがタイよりもいいかなあ。
B: どっちでもいいと思うよ。

❹ 残業か早出か？

A: Do you want to stay late or come in early tomorrow to finish this?
B: I probably have to say either is fine, don't I?

A: 残業するか明日早出して仕上げるか、どっちがいい？
B: どっちでもいいって言うしかなさそうね。

BEST 2

Something like that.
まあそんなところだよ。

🔊 [**サ**ムスィンライク**ダ**ット]

th の [スィ] は、舌を歯に当てて [ス] と言いながら [ィ] を意識して発音しましょう。最後の [ダ] は強調して、逆に [ト] は弱めに発音します。

会話で使おう！

❶ うまくいってる？

A: So, your relationship is going well, huh?
B: Something like that.

A: じゃあ、彼女との関係はうまくいってるのね？
B: まあそんなところさ。

❷ 新しい職場はどう？

A: You getting the hang of your new job?
B: Yeah, something like that.

A: 新しい仕事の勝手を飲み込んできた？
B: うん、まあね。

3語フレーズ BEST 120

使い方のヒント

相手の言っていることに対して、完全にではないけれど、ほぼ同意する場合に使えるフレーズです。

また、答えにくいことを聞かれた時、真意をはぐらかせて曖昧なままその場を切り抜ける時にも使えます。「まあだいたいそんな感じね」や「まあそんなところだよ」といったニュアンスで使えます。

③ 学校で

A: I heard you got the top score in the class, right?

B: Hmm, something like that.

A: あのクラスでトップの成績を取ったんだよね？
B: うーん、まあそんな感じかな。

④ 家賃はいかほど？

A: So, you're paying over $2,000 for rent?

B: Yeah, something like that.

A: じゃ、家賃を2千ドル以上払ってるの？
B: うん、そのくらいだよ。

BEST 3

Thanks for everything.
いろいろとありがとう。

🔊 [**サ**ンクスフォ **エ**ヴリスィン]

[サ] は前歯の間に舌を少し挟む感じで発音します。[ヴ] は上の歯で下唇と少し噛む感じで発音します。

会話で使おう!

❶ お呼ばれの最後に

A: **Thanks for everything.** We had a great time.
B: You're welcome. We sure did.

> A: いろいろとありがとう。とても楽しかったわ。
> B: いえいえ。本当に楽しかったね。

❷ 友達に手伝ってもらった時に

A: **Thanks for everything.** You helped me a lot.
B: Don't mention it.

> A: いろいろとありがとう。すごく助かったわ。
> B: いやとんでもないよ。

3語フレーズ BEST 120

使い方のヒント

相手にいろいろとお世話になって、感謝の気持ちを伝えたい時に便利な表現です。for everything は、特定しないけれども、相手が自分のためにしてくれたこと全てに対して感謝を述べるというニュアンスで使われます。

Thanks は親しい間柄で用いられますが、丁寧に感謝を述べる時には、Thank you very [so] much for everything. と短縮せずに言う方がいいでしょう。

❸ 送別会で

A: Thanks for everything. I can't say enough.

B: Not at all. It was nice working with you.

A: いろいろとありがとう。十分に（感謝の言葉が）言えないくらいだよ。
B: いえいえ。一緒に働けてよかったわ。

表現ワンポイント

for の後を変えれば、**Thanks for yesterday.**（昨日はありがとう）とも言えますね。また、「先日は」と言いたい時には、**for the other day** に変えればOKです。感謝の意は、出来るだけ早く相手に伝えるほうがいいですね。

95

BEST 4

Keep in touch.

連絡してね。

🔊 [**キー**ピィン**タ**ッチ]

Keep は in とつなげて [キーピィン] と発音します。touch は日本語のタッチではなく、[チ] の部分を少し弱く発音します。

会話で使おう！

① 友達との別れ際に

A: **Keep in touch.**
B: **Of course, I will.**

A: また連絡してね。
B: もちろんだよ。

② 久しぶりに会った友達に

A: **It was great to see you after so long.**
B: **Keep in touch from now on.**

A: 久しぶりに会えて本当によかったよ。
B: 今後連絡をよろしくね。

3語フレーズ BEST 120

使い方のヒント

友達との別れ際や久しぶりに会った時に「これらかも連絡してね」と言いたい場合に使えるフレーズです。Keep（続ける）+ in touch（連絡して、接触して）というイメージからニュアンスが分かりますね。

また Let's を付けて、Let's keep in touch.（これからも連絡を取り合おうね）という言い方もよくします。

❸ お世話になった友達に

A: Thank you very much for everything.
B: Keep in touch. We'll see each other soon.

> A: 本当にいろいろとありがとうね。
> B: 連絡してね。またすぐに会いましょう。

❹ 出張に行く同僚に

A: I will be back in three weeks.
B: Let's keep in touch. I'll let you know how things go.

> A: 3週間で戻るよ。
> B: 連絡し合いましょう。私からもどんな調子か知らせますね。

BEST 5

Let me know.

知らせてね。

🔊 [レッミィノゥ]

[レッ]の部分を強調して発音しましょう。Let の t はほとんど聞こえない音になります。[ミィ]はあまり伸ばさずに次の[ノゥ]と続けて発音します。

会話で使おう！

① 夕食はどこに行く？

A: I'll look for a place for dinner tonight.
B: Okay. Let me know.

> A: 今夜の夕食の場所を探しておくわ。
> B: 了解。あとで知らせて。

② 就活の結果が出たら

A: I had a job interview last week.
B: When you get the results, let me know.

> A: 先週、就職面接を受けたのよ。
> B: 結果が出たら、知らせてよ。

使い方のヒント

相手の意向ややりたいことなどを聞く時に使えるフレーズです。例えば、外食の約束をする際、相手にレストランを決めてもらう時に Let me know. と言えば「(決めたら)知らせて」という意味になります。

Tell me. は既に相手が知っていることを問う場合に使いますが、Let me know. は「答えが分かったら、知らせて」というニュアンスで使われます。

❸ 帰りがけに…

A: **Let me know** when you leave.
B: Sure.

> A: 帰りがけに声をかけて。
> B: 分かったわ。

❹ 会議で

A: When will you know the results?
B: Sometime next week, I suppose.
A: Well, **let me know**.

> A: 結果はいつ分かりますか?
> B: 来週のいつかだと思います。
> A: じゃあ、(分かったら) 知らせてください。

BEST 6

Here you go.
はいどうぞ。

🔊 [ヒィァュゴゥ]

[ヒィァ]のrは少し舌を奥にとどめて発音しましょう。[ユ]はあまり伸ばさずに、[ゴゥ]につなげます。

会話で使おう！

① オフィスで

A: Can I use your pen?
B: Here you go.

A: ちょっとペン借りてもいい？
B: はいどうぞ。

② レストランで

A: Can I have some water, please?
B: Here you go.

A: 少しお水をもらえますか。
B: はいどうぞ。

3語フレーズ BEST 120

使い方のヒント

相手に何か物を渡す時や食事を出す時によく用いられるフレーズです。

例えば、Can you pass me the salt?（塩取ってくれる？）と聞かれた時に、Here you go.（はいどうぞ）と言って手渡します。Here you are. と同じ意味です。

また、テーブルに食事を出しながら、「お待ちどおさま、さあどうぞ」と言う時にも用いられます。

❸ 夕食で

A: I have some home-made pizza, nice and hot. Here you go.

B: Looks delicious.

A: 手作りピザだよ、ちょうどいい感じの熱さよ。さあどうぞ。
B: おいしそう。

❹ ディナーパーティーで

A: Here you go. This is our main dish.

B: Wow! It looks good.

A: お待たせ。これがメインディッシュよ。
B: わあ！美味しそうだ。

BEST 7

I'm not available.
都合が悪いの。

[ァィムノットァヴェィラブー]

available の [アヴェィ] の [ヴェ] は強めに発音します。また、not の [ト] はほとんど聞こえないくらいの音です。

会話で使おう！

① 職場で誘われたら

A: Could we go over the report this afternoon?
B: Sorry, I'm not available. A client is coming in.

A: 午後一緒に報告書に目を通すことができるかしら？
B: ごめん、都合が悪いんだ。クライアントが来ることになっているんだ。

② お手伝いを頼まれたら

A: Can you attend the trade fair next week?
B: I'm not available. I'll be out of town.

A: 見本市に出席できる？
B: 無理なんだ。出張でいないんだよ。

使い方のヒント

何かに誘われたのに都合がつかない時に使えるひと言です。available には「利用できる」のほか、「都合がつく」という意味もあります。例えば、夕食に誘われた時に「都合がつかないの」と言う場合に、このフレーズが使えます。

また、仕事を頼まれた時に「ちょっと難しいです」と言う時にも使えます。

❸ 今週末の予定は？

A: Will you be free this weekend?
B: Sorry, I'm not available.

- **A:** この週末は暇？
- **B:** ごめん、都合が悪いんだ。

❹ 自分の仕事が終わってないのに頼まれた時に

A: Will you be able to help me with this?
B: I'm not available now. I haven't finished my own work yet.

- **A:** これ手伝ってくれる？
- **B:** 今都合悪いの。自分の仕事もまだ終わってないのよ。

BEST 8

I miss you.

寂しいよ。

[ァィ ミス ユー]

miss の [ミス] は、次の [ユー] と続けて発音しましょう。最後の [ユー] は少し弱めに発音すると自然に聞こえます。

会話で使おう！

❶ 離ればなれの夫婦が…

A: **I miss you.**
B: **Same here.**

- A: 寂しいわ。
- B: こっちもだよ。

❷ 電話で恋人と話している時に

A: **I miss you.**
B: **I'll be back next week.**

- A: あなたがいなくて寂しいわ。
- B: 来週、戻るからね。

使い方のヒント

親しい人と離れている時に、相手に寂しい気持ちや恋しい気持ちを伝える時に使えるフレーズです。主に恋人や親しい友達、家族の間で用いられます。ここでのmissは「～がいなくて寂しい、不自由だ」という意味です。

時制を過去や未来にしてI missed you.（寂しかったよ）やI'll miss you.（寂しくなるわ）のように言うこともあります。

③ 留学に行く友達に

A: I'll be in Germany for one year.
B: We'll miss you.

A: 1年間ドイツに行ってくるよ。
B: あなたがいなくなると寂しくなるわ。

表現ワンポイント

手紙やEメールの最後にSincerelyやYoursなどの挨拶文句を使いますが、離れている親しい友達や家族にはMissing you.（いなくて寂しいわ⇒会いたいわ）といった形でも使えます。

BEST 9

How's business going?
仕事の調子はどう？

🔊 [ハゥズ**ビ**ズニス**ゴ**ウィン ↘]

business は日本語のビジネスではなく [ビズニス] のように発音します。また、最後の [イン] の部分はほとんど聞こえない音になります。

会話で使おう！

❶ 最近開業した友達に

A: **How's business going?**
B: **Well, it's going.**

A: 仕事の調子はどう？
B: まあ、なんとかね。

❷ 知り合いの営業マンに

A: **So, how's business going?**
B: **Up and down, but I'm dealing with it.**

A: で、仕事の調子はどうですか。
B: 良かったり悪かったりですが、何とかやってますよ。

3語フレーズ BEST 120

使い方のヒント

挨拶時に、相手の仕事の調子を聞く時に用いられるひと言です。例えば、取引先の会社の人に「最近の調子はどうですか？」と聞く時に使えます。関西弁の「もうかりまっか？」に近い表現と言えるでしょう。going を省略して、How's business? と言ってもOKです。

ただし、挨拶程度のやりとりなので、真剣に業績について尋ねているわけではありません。あくまでも軽く「調子はどう？」という感じで聞くフレーズです。

---

③ レストランを経営する友達に

A: How's business going?

B: It's moving slowly, but looking upward.

A:（レストランの）調子はどう？
B: まあゆっくりだけど、上向きになっているわ。

表現ワンポイント

Business に your を付けて、**How's your business going?** と言えば、特にその人が経営している事業そのものがうまくいっているかどうかという意味になります。your がなければ、経営者でなくても、従業員として会社の仕事はどうかを聞くことができるのです。

BEST 10

Count me in.
私も参加させて。

[**カ**ゥントミ**イ**ン]

[カゥ]と[イン]の部分を比較的強く発音します。in の最後の[ン]部分は、口をつぐんで発音します。

会話で使おう！

❶ 新年会に誘われたら

A: Will you be able to come to our New Year's party?

B: Count me in.

A: 新年パーティーに来れそう？
B: 参加するよ。

❷ 飲みに行こうと言われたら

A: Would you like to go for a drink with us?

B: Yes, count me in.

A: 私たちと飲みに行かない？
B: うん、僕も仲間に入れて。

使い方のヒント

食事やプロジェクトなどへの誘いに対して、「自分も参加したい」と言う時に使えるひと言です。count は本来「数える」という意味ですが、count 〜 in で「〜を含める」「〜を仲間に入れる」という意味なので、Count me in. は「私も参加させて」「私も仲間に入れて」の意味になるわけです。

例えば、週末のバーベキューやパーティーに誘われて、「私も行くわ！」と言いたい時に使えますね。

③ 支援団体に参加

A: **We need to put together a support group.**

B: **Count me in.**

A: 支援グループを組織する必要があるね。
B: 私も参加させて。

④ レストランで

A: **Who wants beer?**

B: **Count me in.**

A: ビール欲しい人？
B: 僕もお願い。

BEST 11

Drop by anytime.

いつでも寄って。

[ド**ロ**ップ**バイエ**ニィタィム]

Drop の [ロ] と by は強めに発音します。また、anytime の [エ] は強めにして、直後の [ニィ] は弱めに発音しましょう。

会話で使おう！

❶ 友達の家に呼ばれた帰り際に

A: Thank you for having me over.
B: Sure. Drop by anytime.

A: 呼んでくれてありがとう。
B: もちろん。いつでも寄ってね。

❷ 学校で

A: If you have any questions, drop by anytime.
B: Okay. Thank you.

A: 質問があれば、いつでも寄ってよ。
B: 分かりました。ありがとうございます。

使い方のヒント

　相手に気軽に自宅やオフィスなどに来てねと言う時のひと言です。drop by は「（よっこりと）立ち寄る、顔を出す」という意味です。Drop by anytime. と同じ意味のフレーズとして、Stop by anytime. も覚えておきましょう。
　また、Drop by sometime. と言えば、「またいつか寄ってね」という意味になります。

❸ 自宅でのパーティーの最後に

A: I had a great time tonight.
B: Drop by anytime.

A: 今夜はとても楽しかったです。
B: いつでも寄ってください。

❹ 久しぶりに会った友達に

A: We should get together more often.
B: I know! Drop by anytime.

A: もっと頻繁に会いたいわね。
B: そうだね！いつでも寄ってよ。

BEST 12

Care for another?

おかわりはいかが？

🔊 [**ケ**ア フォア **ナ** ダー ↗]

[ケア]と[フォ]はひと続きに発音します。
anotherの[ダ]の部分は舌を噛むように
発音しましょう。

会話で使おう！

① レストランで

A: **Care for another?**
B: **No thanks, I'm okay.**

(A: もう一杯いかがですか。
  B: いいえ、大丈夫です。)

② オフィスで

A: **Care for another** cup of coffee?
B: Yes, please.

(A: コーヒーをもう一杯いかがですか。
  B: はい、お願いします。)

3語フレーズ BEST 120

使い方のヒント

相手が食べているものや飲んでいるものの「おかわりはいかが？」と聞く時に使えるフレーズです。another の後に具体的な名詞を付けて言うこともあります。

「おかわり」という表現には、refill（再度満たす）や seconds（二番目）という言い方もありますが、refill はお店で使われることが多く、seconds は家での会話で使われます。

---

❸ 飲み会で

A: **Care for another** glass of wine?
B: **Sure, I'll take one.**

A: もう一杯ワインを飲まない？
B: もちろん、いただくわ。

❹ 夕食時に

A: **Care for another** helping of meatloaf?
B: **Sure.**

A: ミートローフのおかわりはいかが？
B: もちろん。

BEST 13

Something came up.
ちょっと用事ができちゃって。

🔊 [**サ**ムスィンケィム**ア**ップ]

Something の th は歯の間に舌を挟んで発音しましょう。came の [ィム] は弱く発音し、[アップ] につなげてください。

会話で使おう！

❶ 突然のキャンセルを伝えたい時に

A: Sorry, something came up. I can't make it today.
B: That's okay. Don't worry.

> A: ごめんなさい、ちょっと用事ができちゃって。今日は行けないわ。
> B: 大丈夫だよ。心配しないで。

❷ 職場で

A: I need to leave now. Something came up.
B: That's fine.

> A: すぐに行かなきゃならないんだ。ちょっと急用ができてしまって。
> B: いいわよ。

使い方のヒント

　急用があってその場を離れなければならない時や、予定を変更しなければならない時に、相手にその理由を説明しにくい場合に使えるひと言です。例えば、夕食中に友達の家に急に行かなければならない時に、家族に Something came up and I need to go.（ちょっと急な用事ができてしまって、行かないといけないの）という風に使えます。

　もちろん、状況によっては現在完了を使って、Something's come up. になることもあります。

❸ 夕食まで勧められたが…

A: Would you like to stay for dinner?
B: I'm very sorry, something just came up.

A: 夕食を食べていきませんか。
B: 申し訳ないのですが、ちょっと急用ができましたもので。

❹ コーヒーを勧められたが…

A: You want to go out for coffee?
B: Sorry, something's come up. I have to get going.

A: コーヒーでも飲みに行かない？
B: ごめん、ちょっと用事が入ったの。もう行かなくちゃいけないの。

BEST 14

You got me!

参った！

[ユ **ガッ** トミィ]

got は [ガッ] を強調して発音し、[ト] はほとんど聞こえないくらい弱く発音します。

会話で使おう！

① テニスの最中に

A: **You got me!**
B: **See? I'm as good as you.**

A: 参った！
B: ほらね。私もあなたと同じくらいの腕前なんだから。

② びっくりさせた相手に

A: **You got me. Why did you do that?**
B: **Just to surprise you.**

A: やられた～。なんでそんなことしたの？
B: びっくりさせたくてね。

3語フレーズ BEST 120

使い方のヒント

「参った！」「1本取られたな！」「降参！」というニュアンスのフレーズです。スポーツやゲーム、あるいは議論をしていて「参ったよ！」と言う場合がありますよね。You got me there! と言うこともあります。また、質問攻めにされた時に「（答えがわからないから）わかりません」という時にも使えます。

このフレーズは？を付けて上昇調で発音すれば、「わかった？」という意味で使うこともできます。

❸ 職場で

A: Why was the project canceled so suddenly?
B: You got me.

A: なぜプロジェクトは突然中止されたんですか。
B: わかりませんねえ。

❹ 理解できた？

A: You got me?
B: Well, kind of.

A: わかった？
B: うーん、何となくね。

BEST 15

Bear with me.

ちょっと待ってね。

🔊 [ベア ウィズ ミィ]

[ベア] の部分を一番強く、[ウ] の部分は弱く、次に [イズ] につなげます。Bear の最後の r の部分は、舌を引っ込めて発音してください。

会話で使おう!

❶ 夕食後に

A: I'm ready for dessert.
B: Bear with me. I need to heat it up.

A: デザート、もう食べたいなあ。
B: ちょっと待って。温めなくちゃいけないの。

❷ 待っているお客さんへ

A: I've been waiting for a long time.
B: Bear with me. I'll be right back.

A: ずっと待っているんですけど。
B: もう少しお待ちください。すぐに戻りますので。

3語フレーズ BEST 120

使い方のヒント

bearは「耐える」という意味ですが、相手に少し我慢を強いるような場面で使えるひと言です。「ちょっと待ってね」や「少し我慢して聞いて」と言う時に使えます。Just a moment. よりも、長く相手を待たせることが予測される時に用いられます。

また、相手が話の途中で割り込んできそうな時にも使えるフレーズです。

③ 話の途中で遮られたら

A: So, I went to her house and…
B: And what?
A: **Bear with me**, and let me finish my story.

> **A:** そして、彼女の家に行って…
> **B:** で、どうなったの？
> **A:** 我慢して聞いてよ、僕の話を最後まで言わせて。

! 表現ワンポイント

Bear with it. というと、相手に「(それを)我慢しなさい」という意味になります。**I can't keep going on like this.**（もうこのままじゃ無理だよ）と言う相手に、**Bear with it.**（我慢しなさいよ）となだめることができます。

BEST 16

Fill me in.
詳しく教えて。

[**フィォミイン**]

Fillの[ォ]の部分を弱めに、inの[イ]を強めに発音しましょう。meとinはひと続きに発音しましょう。

会話で使おう！

① 学校で何か問題が…

A: I had a talk with the principal today.
B: Fill me in.

A: 今日校長先生と話したの。
B: ちょっと詳しく教えてくれ。

② 楽しい予定がある時に

A: We're planning a dinner party.
B: Fill me in.

A: 夕食パーティーを計画してるんだけど。
B: 詳しく教えてよ。

使い方のヒント

何かについて詳細を知りたい時や会話の途中で抜けて戻ってきた時に使えるひと言です。

Fill me in. は直訳をすると「私を一杯に満たして」ということですが、このフレーズは「詳しく教えて」というニュアンスでよく使われます。

「ねえねえ、さっきの話、もっと聞かせてよ」という場合にも使えます。

❸ 交渉を終えて

A: I finished negotiations with the sales team.

B: Fill me in.

A: 販売チームとの交渉を終えました。
B: 詳しい報告を頼む。

❹ 食事中に席を立って戻った時に

A: Fill me in.

B: We were talking about a car.

A: 話を聞かせてよ。
B: 車について話していたんだ。

BEST 17

No big deal.

大したことじゃないよ。

🔊 [ノゥビッグディーォ]

[ビッグ]と[ディーォ]はひと続きで発音しましょう。[グ]はほとんど聞こえない感じです。また、deal の最後の l は舌を歯の裏につけて弱めに発音します。

会話で使おう！

❶ 相手に感謝されて

A: Thank you so much for your help.
B: No big deal.

(A: 本当に助けてもらってありがとう。
B: 大したことじゃないから。)

❷ 会議に遅れてきた同僚に

A: I'm sorry I'm late.
B: No big deal. Okay, let's begin.

(A: 遅れてすみません。
B: どうってことないよ。じゃあ、始めようか。)

3語フレーズ BEST 120

使い方のヒント

相手に感謝された時や褒められた時、また相手から謝罪を受けた時に使えるフレーズです。It's no big deal. を省略した形です。ここでの deal は名詞で「量」や「程度」という意味です。それに No big が付いて「大したことではない」や「大げさなことではない」というニュアンスになります。

例えば、相手から「迷惑かけてごめんね」と言われた時に「大丈夫よ、大したことないわ」といった感じで用いられます。

❸ 学校で

A: I got a terrible score on my exam.
B: Don't worry. It's no big deal.

A: テストで最悪の最低を取ったよ。
B: 心配しないで。大丈夫だよ。

❹ 相手がちょっと大げさに言うので…

A: How can you do this to me?
B: Come on. It's no big deal.

A: 何で私にこんなことができるのよ？
B: おいおい。大したことじゃないじゃん。

BEST 18

That reminds me.
それで思い出した。

[ダッリ**マ**インズ**ミ**ィ]

That の最後の t はほとんど聞こえません。reminds の [ズ] と次の [ミィ] をうまくつなげて発音すると自然に聞こえます。

会話で使おう！

❶ 突然何かを思い出した時に

A: That reminds me.
B: Of what?

A: それで思い出したわ。
B: 何をだい？

❷ 友達の話が出た時に

A: Joan is having a party next weekend.
B: Oh, that reminds me, I need to call her.

A: ジョーンが来週末にパーティーを開くのよ。
B: あっ、それで思い出したんだけど、彼女に電話しなきゃあ。

3語フレーズ BEST 120

使い方のヒント

相手が言ったことや見たり聞いたりしたことから、何かを思い出した時に使えるフレーズです。

例えば、相手が学校の宿題について話している時に、That reminds me. I also have homework to do.（それで思い出した。私もやらなきゃいけない宿題があるわ）という風に使います。

また、思い出す事柄を That reminds me of ～と続けることもできます。

---

❸ 帰る途中で

A: I want to stop at the grocery store.
B: Oh, yeah. That reminds me, we're out of eggs.

> A: スーパーに寄りたいんだけど。
> B: あっ、そうだね。そう言えば、卵が切れてるね。

❹ 映画の話をしている時に

A: The movie depicted Southern life so well.
B: That reminds me of the book "The Color Purple."

> A: その映画は南部の生活をとてもうまく描いてたわ。
> B: そう言えば、「カラーパープル」っていう本があったなあ。

BEST 19

We're all set.

準備完了。

🔊 [ウィァ **オール セッ**ト]

[ウィァ] と [オー] はひと続きで発音しましょう。all の [ル] はほとんど聞こえない感じです。また、set は日本語のセットよりも最後の [ト] を弱めに発音します。

会話で使おう！

❶ 出かける前に

A: Are you ready?
B: We're all set.

A: 準備できた？
B: みんな準備完了だよ。

❷ 旅行の準備をしている時に

A: Did you finish packing?
B: We're all set.

A: 荷造りは終わった？
B: すべて準備万端よ。

3語フレーズ BEST 120

使い方のヒント

例えば、出かける前に「準備完了、準備万端」と言う時に使えるひと言です。レストランでの注文の際やレジでの支払いの際でも使われる表現です。ここでは We're なので、「我々はみな準備ができた」「すっかり用意が整った」という意味になります。主語は I'm や You're など状況に応じて変化させることが可能です。

All set? という質問として使う場合は、「準備できた？」や「これで全部 OK ？」という意味になります。

❸ レストランで

A: So, you're all set here?
B: Yes. We'll both have the steak special.

> A: では、ご注文はよろしいですか。
> B: はい。二人ともステーキセットにします。

❹ 仕事で

A: We're all set to go to the meeting.
B: Good!

> A: 会議の準備は万端ですよ。
> B: よくやった！

127

BEST 20

Let's touch base.

連絡を取り合おう。

🔊 [レッ**タッ**チ**ベイ**ス]

[タッチ] と [ベィス] はほとんどひとつなながりで発音してください。base の [ス] はほとんど聞こえない程度の音になります。

会話で使おう！

① 改めて確認の連絡を

A: We should set a time and place for the meeting.
B: Yeah, let's touch base.

(A: 会議の時間と場所を決めないといけないね。
  B: ええ、また連絡し合って決めましょう。)

② 後で会いましょう

A: I'll see you this afternoon, right?
B: Let's touch base later.

(A: 今日の午後会いましょうね？
  B: 後で連絡を取り合おう。)

3語フレーズ BEST 120

使い方のヒント

友達とどこで何時に会うかをまだ決めていない時、「では連絡を取り合って決めよう」と言う時など使えるフレーズです。

前述のLet's keep in touch. は人間関係を維持するために「連絡を取り合おう」の意味ですが、Let's touch base. は計画を練っているような状況の中で確認の連絡をし合うというニュアンスで使われます。特に、ビジネスの場面では頻繁に用いられます。

❸ 会議の終わり際に

A: Then I probably won't see you until the next meeting.
B: Let's touch base again before that.

A: じゃあ、次の会議まで君には会わないだろうね。
B: その前にまた連絡を取り合いましょう。

❹ ある用件について今後も…

A: We need to talk about it again.
B: Right. Let's touch base with each other.

A: それについてはまた話し合う必要があるわね。
B: そうだね。互いに連絡を取り合っていこう。

BEST 21-25

21
● 調子がまあまあな時に
Not too bad.
🔊 [ノットゥバッド]

22
● 急(せ)かされた時に
Be right there.
🔊 [ビィライトデア]

23
● 今は都合が付かない時に
Not right now.
🔊 [ノットライトナゥ]

24
● 別れ際に
See you then.
🔊 [スィユデン]

25
● 断らなくてはならない時に
I'm afraid not.
🔊 [アィムアフレィドノット]

3語フレーズ BEST 120

▶▶ まあまあだね。

解説 Not too bad. は「そんなに悪くないよ⇒まあまあだよ、結構良いよ」のニュアンスを持つフレーズです。Not bad. や Not half bad. もほとんど同じ意味で使われます。

▶▶ すぐに行きます。

解説 お客さんから「まだなの?」とクレームを付けられた時や誰かに「ちょっと来てくれる?」と言われた時に使えるひと言です。I'll be right there. を省略した形です。同じ意味で I'm on my way. というフレーズもあります。

▶▶ 今はだめなの。

解説 「ランチに行かない?」と誘われた時に、「今はだめなの(後でね)」と言うような時に使えるひと言です。誘いや申し出に対しては、なぜ都合が悪いのかを一緒に付け加えて説明する方が親切でしょう。

▶▶ それじゃまた。

解説 See you. と簡単に言ってもいいのですが、then を付けると比較的すぐに会うだろうから、「じゃその時にまた会いましょう」といったニュアンスで使われます。I'll see you then. を省略した形です。

▶▶ 残念だけど駄目なんだ。

解説 前述の Afraid so.(= I'm afraid so.)と区別しておきましょう。I'm afraid not. は、Would you like to come over for coffee?(コーヒーを飲みに来ない?)と誘われて、行けない時に「残念だけど」と断るような場合に使う表現です。

26
● そろそろおいとまの時間
It's getting late.
🔊 [イッツ**ゲ**ティン**レイ**ト]

27
● 予想していたことが当たったら
I thought so.
🔊 [アィ**ソゥ**トソゥ]

28
● 相手が冗談を言っていると思った時に
Come on now.
🔊 [**カ**モンナゥ]

29
● 調子を聞く時に
How're things going?
🔊 [ハゥァ**ス**ィングズ**ゴゥ**ィン↘]

30
● 電話の相手を待たせてしまう時に
Could you hold?
🔊 [クジュ**ホ**ゥルド↗]

3語フレーズ BEST 120

▶▶ 遅くなってきたね。

解説 友達との別れ際に、「さようなら」をなかなかうまく切り出せない時に使える婉曲的な表現です。「(だんだん遅くなってきたから) そろそろ帰らなくちゃ」だけでなく、「もう遅いから、そろそろ寝ます」のような場合にも使えます。

▶▶ やっぱりね。

解説 相手が言ったことが、自分の予想範囲内だった場合に使える表現です。I think so. の過去形ですね。このフレーズには「私もそう思った⇒だよね、やっぱりね」に加えて、「そんなことだと思ったよ」というネガティブなニュアンスもあります。

▶▶ またまた。

解説 予想もつかないことを言われて、「またまた (冗談でしょ)」と言う時に使えるフレーズです。また「それはないでしょ」という感じで、相手の言っていることに対して、「一体どういうこと?」と改めて問う場合にも使われます。

▶▶ 調子はどう?

解説 会話の最初によく使われるフレーズです。How are you? は聞かれた本人に焦点を当てていますが、この質問では things なので、その場の全体的な様子や事の進み具合を聞く時に用いられます。

▶▶ お待ちいただけますか。

解説 Could は Can の過去形なので、丁寧な言い方になります。例えば、電話の相手に「少々お待ちいただけますか」と言いたい時に使えます。Could you hold on? や Could you hold on a second? などの形でもよく使います。

BEST 31-35

---

31 ● 相手の理解を確かめる時に
Do you follow?
[ドゥユ**フォ**ロゥ↗]

---

32 ● 電話を取り次ぐ時に
It's for you.
[イッツフォ**ユー**]

---

33 ● 何かを始める時に
Let's get started.
[レッツ**ゲッ**トス**タァ**ティッド]

---

34 ● 思いがけないことを相手が知っていた時に
Who told you?
[フー**トウ**ルデュ↘]

---

35 ● それはあり得ないと言いたい時に
That's not possible.
[**ダッツノッ**ト**ポ**スィブー]

▶▶ わかる？

解説 相手がちゃんと理解しているかを確かめる時に使えるひと言です。「私の言っていることがわかる？」「これまで話したところはいいですか？」というニュアンスです。

▶▶ あなたによ。

解説 例えば、かかって来た電話に出て、家族の誰かに電話を取り次ぐ時に使えるフレーズです。Mary, it's for you.（メアリー、あなたに電話よ）と前に名前を付けると、誰に向けてなのかが分かりやすくなります。

▶▶ さあ始めましょう。

解説 Let's start. よりも、もっとカジュアルな表現です。授業の最初に先生がよく使いますね。Let's start. は単に「始めましょう」ですが、Let's get started. は「さあ、これから始めますよ」という指示的なニュアンスを含みます。

▶▶ 誰から聞いたの？

解説 最近自分に彼女が出来たのを想定外の人が知っていた時に、驚いて「誰があなたに教えたの？⇒誰から聞いたの？」と聞く時のフレーズです。Who told you that? とも言います。Who did you hear it [that] from? とも言えます。

▶▶ そんなはずはない。

解説 I heard he got in Harvard.（彼はハーバード大学に受かったらしいよ）と驚くようなことを聞いた時に、「それはありえない」「それは不可能だ」といったニュアンスで使われます。That's impossible. と同じ意味です。

BEST 36-40

36
● 理由を聞きたい時に
Why is that?
[ワィイズ**ダ**ット ↘]

37
● これでよいかを聞く時に
Will this do?
[ウィル**ディ**ス**ド**ゥ ↗]

38
● 相手を諭す時に
Don't waste time.
[ド**ウ**ント**ウェ**ィス**タ**ィム]

39
● 気を遣わせないように
Don't mind me.
[ド**ウ**ント**マ**ィンドミィ]

40
● レストランで
Is that it?
[イズダ**リ**ット ↗]

3語フレーズ BEST 120

▶▶ それはなぜ？

解説 「それはなぜ？」「なんでだよ？」の意味のフレーズです。相手の言ったことに対して、理由を聞きたい場合に用いられます。言い方によっては、批判的なトーンに聞こえることもあるので、口調に注意しましょう。

▶▶ これで間に合う？

解説 「これで間に合う？」「これで用が足りますか」と聞きたい時に使えるひと言です。この do は「役に立つ、十分である」の意味です。That [This] will do.(それで[これで]いいです) や Anything will do. (何でもいいです) も理解できますね。

▶▶ 時間を無駄にしないで。

解説 受験を迎えた学生に「与えられた時間を最大限に活用しなさい」と言うような時に使えます。Don't waste your time. と言っても OK です。さらに、It's a waste of time. (それは時間の無駄だ) も覚えておくと便利ですよ。

▶▶ おかまいなく。

解説 人のお宅にお邪魔したような場合に、相手に気を遣わせないようにしたい時に使えるひと言です。「私のことは気にしないでください⇒おかまいなく」のニュアンスです。Don't trouble yourself. も同じ意味のフレーズです。

▶▶ それで全部ですか。

解説 Is that it? は「それで全部ですか」「それだけですか」の意味のひと言です。レストランで注文を終えた時に、ウェイターが確認のためによく用いるフレーズですね。返答としては、Yes, that's it. や That's all. と言えば OK です。

BEST 41-45 CD 57

41
● 空港・駅などで
Not for now.
🔊 [ノットフォ**ナゥ**]

42
● 相手も招き入れる時に
Come right in.
🔊 [**カ**ムラィ**リィン**]

43
● 相手をけしかける時に
Now's your chance.
🔊 [**ナゥ**ズュァ**チャンス**]

44
● 例外扱いする時に
Only this time.
🔊 [**オゥ**ンリィ**ディ**スタイム]

45
● 相手を誘う時に
Let's get together.
🔊 [レッツ**ゲ**トゥ**ギャダー**]

3語フレーズ BEST 120

▶▶ 今のところはありません。

解説 例えば、Is there any other flight departing from this airport now? (今この空港から他のフライトは出ていますか) という質問に対して、「今のところはありません」と答える場合に使われるひと言です。

▶▶ さあ、お入りください。

解説 例えば、お客を玄関で出迎える際に使える表現です。同じ意味で、Come on in. という表現もあります。命令調に言えば、「すぐに来なさい」といった意味にもなります。

▶▶ やるなら今だよ。

解説 「今やらないでどうする!」「やるなら今だ」と相手を焚き付けるような時に使えるひと言です。英会話を勉強するのも、やっぱり「今でしょ?」(笑)。

▶▶ 今回だけよ。

解説 例えば、いつもは夕食後にアイスクリームを食べないけど、「今夜だけは特別に(食べてもいいわよ)」というニュアンスで使えるフレーズです。「今回は特別だ」「今回だけは例外だ」という意味です。

▶▶ みんなで集まろうよ。

解説 例えば、金曜日の夜に集まって楽しもうよと言う時に使えるひと言です。get together は「集まる、寄り合う」という意味ですが、「何か楽しいことをするために集まる」というニュアンスで使われることが多いです。

BEST 46-50

46 ● 予定や都合を聞かれた時に
Works for me.
[ワークスフォ**ミィ**]

47 ● 褒め言葉として
You made it!
[ユ**メィ**ディット]

48 ● 何かを勧める時に
Try it out.
[ト**ラィ**リ**ラゥ**ト]

49 ● 自己アピールとして
I'll try anything.
[ァィルト**ラィエ**ニスィン]

50 ● 焦らずに辛抱せよと言いたい時に
Give it time.
[**ギ**ヴィッ**タ**イム]

3語フレーズ BEST 120

▶▶ それで結構です。

解説 例えば、How about next Friday?（来週の金曜日はどう？）と都合を聞かれて「私はそれで結構です」「それで構いませんよ」と言いたい時に使えるフレーズです。It works for me. を省略した形です。

▶▶ よくやったね！

解説 「○×大学に受かったよ！」などの朗報を聞いて、「やったわね！」「よくやり遂げたね！」と言う時に使える表現です。You did it! と同じ意味です。来れそうもない人が来てくれた場合にも、You made it!（よく来てくれたね！）と言えます。

▶▶ 試してみて。

解説 物は試しだと言う時に、相手に Try it out. と言います。試すものは何でも OK です。自分が以前食べたことのあるアイスクリームを相手に勧めようとしている時にも使えますよ。

▶▶ 何でもやってみます。

解説 様々なことに挑戦する気持ちがある時に使えるひと言です。就活面接の際の自己アピールの中でも使えそうですね。anything の後に形容詞を付けて、I'll try anything new.（新しいことは何でもやってみます）のようにも言えます。

▶▶ そう焦らないで。

解説 何かをするのに焦っている人を見かけたら、Give it time. と言いましょう。「焦らずに（時間をかけて）ゆっくりと待ちなさい」「時が熟すのを待ちなさい」と言いたい時に使えるひと言です。

BEST 51-55

51 ● しばらく様子を見ようとする時に
Time will tell.
[タィムウィルテォ]

52 ● 相手を急かしたくない時に
There's no hurry.
[デァリズノゥハリィ]

53 ● 新任の人に
Ask me anything.
[アスクミィエニスィン]

54 ● 相手の言うことに全面的に賛同する時に
Anything you say.
[エニスィングユセィ]

55 ● 簡単なことに
Piece of cake.
[ピーソヴケィク]

▶▶ 時間が経てばわかるさ。

解説 何か解決に時間がかかりそうな場合や時間が経ってみないと何も判断できないような場合に使えるフレーズです。文頭に強調の意味を表す only を付けて、Only time will tell. と言うこともあります。

▶▶ 急ぐことはないよ。

解説 友達と待ち合わせしている時に、I'm sorry, but I'll be late.（ごめん、遅れると思うわ）と連絡が入ったら、「急ぐことはないよ」と答える時に使えるひと言です。There's no rush. とも言えます。

▶▶ 何でも聞いてね。

解説 例えば、新しいパートさんが入ってきた時に、先輩として「何でも聞いてね」と言うような時に使えるひと言です。You can ask me anything. と言うこともよくあります。

▶▶ あなたのおっしゃるとおりにします。

解説 「何でもあなたの言う通りにします」という意味です。相手の提案や依頼などに全面的に賛同する時に使えるひと言です。軽い感じで言う場合には、「はいはい、お好きなように」という意味合いにもなります。

▶▶ 朝飯前だよ。

解説 「（一切れのケーキを食べるように）非常に簡単なこと⇒朝飯前だ、お茶の子さいさい」というニュアンスで使われるひと言です。簡単にできることや容易いことに対して使います。It's a piece of cake. を省略した形です。

BEST 56-60

56 ● いつもそうなってしまう場合に
It never fails.
[イット**ネヴァフェィ**ルズ]

57 ● ついている相手に
Lucky for you!
[ラッ**キィ**フォ**ユー**]

58 ● 割り勘を言い出す時に
Let's go Dutch.
[レッツゴゥ**ダッチ**]

59 ● おごる時に
I'll get this.
[**アィルゲッ**ディス]

60 ● 混み合った場所を通る時に
Coming through.
[カミンス**ルー**]

3語フレーズ BEST 120

▶▶ いつもこうなんだよね。

解説 直訳すると「決して損なわない」という意味ですが、いつも同じことが起きてしまうという場合に使います。It always happens. と同じ意味です。例えば、洗濯物を干すと雨が降るというような場合です。

▶▶ 君はついてるね！

解説 運がよくて、うまくいった相手に対して使うひと言です。「君はついてるね！」「よかったね！」のニュアンスです。多くの場合、「いいなあ、うらやましいなあ」という気持ちが込められています。for を省いて、Lucky you! とも言います。

▶▶ 割り勘にしよう。

解説 Dutch は（名）「オランダ人、オランダ語」（形）「オランダの」という意味の語です。go Dutch で「割り勘にする」という意味になります。同じ意味で、Let's split the bill. や Let's go fifty-fifty. という表現もあります。

▶▶ ここは私が払うね。

解説 友達と一緒に食事に行った際、会計のレジ辺りで「ここは私が払うよ」「これは私のおごりね」という時に使える表現です。Let me get this (one). とも言います。同じ意味のフレーズとして、It's [This is] on me. もよく使います。

▶▶ 通してください。

解説 通り道をふさいでいる人にお願いする時に使えるひと言です。I'm coming through, please. を省略した形です。Excuse me, coming through. とも言います。同じ意味で Could I get by, please? という丁寧な表現もあります。

BEST 61-65

61
● 今と昔を比較しながら

Times have changed.
[タイムズハヴチェィンジド]

62
● 申し出を断る時に

No can do.
[ノゥキャンドゥ]

63
● 相手の言葉遣いが気になる時に

Watch your mouth!
[ウォチュァマゥス]

64
● ちょっと強い調子で

Enough is enough.
[イナッフィズイナッフ]

65
● 良い考えが浮かんだ時に

I know what.
[アィノゥワット]

3語フレーズ BEST 120

▶▶ 時代は変わったね。

解説 今と昔は違うということに触れながら、「時代は変わったね」とコメントする時に使える表現です。例えば、うちの近所では昔はドアに鍵を掛ける人なんていなかったのに、今では皆が戸締まりに神経質になっているというような場合です。

▶▶ それはできません。

解説 申し出を断る時のフレーズです。文法的には少しおかしい感じもしますが、日常会話ではこのように言います。「それはできません」「それは無理です」という意味です。反対は、Can do.（はい、いいですよ）です。

▶▶ 言葉に気をつけなさい！

解説 相手の言葉遣いや話の内容が気になる時に使えます。「言葉遣いに注意しなさい」「言葉を慎みなさい」という意味です。例えば、乱暴な話し方をしている子供をたしなめる時にも使えます。Watch your tongue! とも言います。

▶▶ もうたくさんだ。

解説 相手のしていることが我慢ならないような時に使えるひと言です。例えば、ばか騒ぎしている隣人に「もううんざりだ」「もうたくさんだ」と苦情を言う時に使えます。I've had enough. と同様、批判的な意味合いの強い表現です。

▶▶ いい考えがある。

解説 何かに困った状況で、その解決策を思いついた場合に「良い考えがある、いいこと思いついた」のニュアンスで使えるひと言です。なお、前述のKnow what?（= You know what?）は「ねえねえ、あのさー」の意味でしたね。

BEST 66-70 CD 59

66
● 個人的意見を言いたい時に
I tell you.
🔊 [ァィ**テ**ォユ]

67
● 度を超している相手に
You're too much!
🔊 [ユァ**トゥ**マッチ]

68
● さらに聞きたい時に
In what way?
🔊 [ィン**ワ**ット**ウェ**ィ↘]

69
● 時間が残り少ない時に
Time's running out.
🔊 [**タ**ィムズラニン**ガ**ゥト]

70
● 成り行きを見守る時に
Wait and see.
🔊 [**ウェ**ィトアン**ス**ィ]

▶▶ 個人的な意見だけど。

解説 身近な人に自分の意見を言い始める時、その前置きとして使えるひと言です。また、言いたいことを強調して、「本当に、まったく、確かに」の意味でも使います。I told you. は「だから言ったじゃないか」ですね。混乱しないように。

▶▶ 君、ひど過ぎるよ！

解説 相手のやっていることが度を超している時には「君、ひど過ぎるよ！いい加減にしてくれ！」のような批判的ニュアンスになります。相手のジョークが面白すぎる時には「ちょっと勘弁してよ」「君、冗談ばっかりだね」という感じです。

▶▶ どんな意味で？

解説 相手の言ったことに対してさらに詳しく「どんな意味で？どんな風に？」と聞きたい時に使えるフレーズです。ただし、口調によっては相手の述べたことに少し批判的に質問しているように聞こえることもあるので、注意して使いましょう。

▶▶ もう時間がないよ。

解説 残り時間が迫っている、時間切れになっている状況を表すフレーズです。主語を We にして、We're running out of time. と言っても同じ意味を表すことができます。

▶▶ まあ見ておきなさい。

解説 先行きが不透明な状態で、「事態を静観しなさい」「ちょっと様子を見なさい」というような時に使えるひと言です。このフレーズは、Let's wait and see. や You'll [We'll] just have to wait and see. のような形でもよく用いられます。

BEST 71-75

71 ● 誰にも分からない時に
God only knows.
[ガッドオゥンリィ**ノゥ**ズ]

72 ● 話を戻す時に
Where were we?
[**ウェ**ァワーウィ↘]

73 ● 子供にも大人にも
Act your age.
[**アクトュァエイ**ジ]

74 ● 相手に何か勧める時に
Don't miss out.
[ドウントミス**ア**ゥト]

75 ● 嫌な気持ちを表す時に
What a pain!
[ワラ**ペイ**ン]

3語フレーズ BEST 120

▶▶ 誰にも分からないよ。

解説 「神のみぞ知る⇒誰にも分からない」という意味のフレーズです。例えば、Why is she in a bad mood?（なぜ彼女はご機嫌ななめなの？）と聞かれて、「全く分からないよ」と言うような時に使えます。

▶▶ どこまで話してたっけ？

解説 友達と話している途中に、トイレに行って帰ったら、それまで何を話していたかを忘れてしまっていた。そんな時、話を元に戻すのに使えるのがこのフレーズです。「自分は何を話してたっけ？」であれば、Where was I? とも言えます。

▶▶ 歳相応に振る舞いなさい。

解説 childish（子供じみた）振る舞いをする相手に、「あなたの年齢相応の振る舞いをしなさい」とたしなめる時に使うフレーズです。大人だけでなく、「もう小さい子供じゃないんだから」と子供に対しても使われます。

▶▶ お見逃しなく。

解説 This fruit is in season, so don't miss out.（このフルーツは今が旬だから、見逃さないで）というような時に使います。Don't miss out. は掲示や広告にもよく使われるフレーズです。

▶▶ 面倒くさいなあ！

解説 この場合の pain は「痛み」ではなく、「嫌なこと」という意味です。What a pain! で「面倒くさいなあ」「うんざりだよ」「納得いかないなあ」という意味です。a pain in the neck（悩みの種、頭痛の種）という表現も覚えておきましょう。

BEST 76-80

76 ● 相手に理解を示す時に
I hear you.
[アィ**ヒィ**ァユ]

77 ● 相手に強く賛同する時に
I'm with you.
[アィム**ウィ**ズユ]

78 ● 経験から同意を示す時に
I've been there.
[アィヴビーン**デァ**]

79 ● 賛成・賛同する時に
You said it!
[ユ**セッ**ディット]

80 ● 相手の理解を確認したい時に
Get the picture?
[ゲッダ**ピ**クチャー↗]

▶▶ 言いたいことは分かるよ。

解説 相手の小言や意見を認めるわけではないが、理解していることは示したいという時に使える一言です。「あなたの言いたいことは分かるよ」「なるほどね」というニュアンスです。I hear what you're saying. ということです。

▶▶ 同感です。

解説 相手の意見や気持ちに強く同調する時に使えるひと言で、「同感です」「あなたに賛成です」のニュアンスを表します。「それに関しては同感[賛成]だ」と言いたい場合には、I'm with you there. や I'm with you on that. で OK です。

▶▶ よくわかります。

解説 「自分も同じような経験をしたことがあるので、よくわかりますよ」と同意や理解を示す時に使うフレーズです。もちろん、I've been there. は「私はそこに行ったことがあります」の意味でも使いますね。

▶▶ まさにその通り！

解説 自分が言おうとしていたことを相手が言った時に、You said it! と言います。「全くその通りだ」「あなたの言う通りだ」という意味です。同じ意味のフレーズに、You can say that again. というのもあります。

▶▶ わかった？

解説 picture には「絵、写真」の他に「全体像」の意味もあります。説明したことの全体像を相手が把握したかどうかを問う時に使えます。Do you get the picture? を省略した形です。Get the message? と言っても同じ意味です。

BEST 81-85

81 ● 相手を批判する時に
How could you?
🔊 [ハゥ**クッ**ジュ↘]

82 ● 元気がなさそうな人を見た時に
What's eating you?
🔊 [**ワッ**ツイーティン**ユー**↘]

83 ● 驚きを表す時に
You don't say!
🔊 [ユ**ドウント**セィ]

84 ● よく分からなかった時に
How's that again?
🔊 [ハゥズ**ダッラゲィン**↗]

85 ● 相手がこちらの意図に気づいた時に
That's the idea.
🔊 [**ダッ**ツディァィ**ディ**ァ]

▶▶ 何てことをするの？

解説 相手がしたことや言ったことに対する驚きや怒りなどを表すフレーズで、「何てことをするんだ」「よくもそんなことが言えるな」の意味を表します。How could you do that? や How could you say that? などの省略です。

▶▶ 何を悩んでいるの？

解説 この場合の eat は「困らせる、イライラさせる」の意味です。「何があなたを困らせて[イライラさせて]いるの？⇒何を悩んでるの？どうしたの？」という意味です。What are you eating?(何を食べてますか)とは全然違いますよ。

▶▶ まさか！

解説 驚くような話を聞いた直後に言うフレーズです。「まさか！」「えっ！」「本当？」のような意味を表します。You don't say so! とも言いますが、so は大抵省略されます。

▶▶ 今何て言った？

解説 相手が言ったことがどうもよく聞き取れなかった時に使える便利なひと言です。前述の Come again? と同じ意味です。「えっ、何ですか？」「今何て言った？」と軽く聞く感じのフレーズです。

▶▶ そう、その調子。

解説 日頃勉強をしない子供がやっと勉強の大切さを悟ってお母さんに「これからは毎日2時間は勉強するね」と言った時に、That's the idea.（そう、その調子）と言えます。That's an idea.（それはいい考えだ）と混乱しないように。

BEST 86-90 CD 61

86 ● 人を激励する時に
Keep in there.
[キーピンデァ]

87 ● 人を激励する時に
Stick with it.
[スティックウィズィット]

88 ● しっかりしろと言いたい時に
Pull yourself together.
[プルユァセルフトゥギャダー]

89 ● 相手を元気づける時に
Get over it.
[ゲッロウヴァイット]

90 ● もうそれ以上言われたくない時に
Say no more.
[セィノゥモァ]

3語フレーズ BEST 120

▶▶ 頑張れ。

解説 人が今まさに頑張っている時に、「今やっていることを諦めずに続けろ⇒その調子で頑張れ」というニュアンスで使うひと言です。同じ意味で似たような形の表現として、Hang in there. や Stay in there. も一緒に覚えておきましょう。

▶▶ 諦めるな。

解説 Stick with 〜は「〜を続ける、諦めない」という意味です。このフレーズは「今やっていることを諦めずにそのままやり続けなさい」のニュアンスで、「諦めるな」「頑張れ」「その調子だ」などの意味でよく使われます。

▶▶ しっかりしろよ。

解説 何かに動揺している[取り乱している]人に、「しっかりて」「襟を正して」というニュアンスで使えるひと言です。人に一発喝を入れたい時にも使えます。同じ意味のフレーズに、Get a grip on yourself. というのもあります。

▶▶ 忘れてしまえよ。

解説 get over は「〜を乗り越える」という意味です。例えば、失敗してしまった友達に「忘れてしまえよ」「立ち直れよ」「しっかりしろよ」と言いたい時に使えるひと言です。困難を乗り越えて欲しい人に対して使うフレーズです。

▶▶ 分かってるって。

解説 耳に痛い話や聞くに忍びない話を終わらせたい時に使えるひと言です。「もうそれ以上言うな」「その先は言うな」「もう分かってるから」などのニュアンスです。テストの点数が悪いことを親に色々言われる時にも使えますね。

157

BEST 91-95

91 ● 出発する時に
Good to go.
[グットゥゴゥ]

92 ● 何かを決める時に
Heads or tails?
[ヘッズォァテイルズ↘]

93 ● 楽観視する時に
Could be worse.
[クッビィワース]

94 ● 我慢できないような時に
Couldn't be worse.
[クドントゥビィワース]

95 ● それ程でもない時に
Could be better.
[クッビィベター]

▶▶ 準備完了。

解説 good は本来「良い」という意味ですが、to do と組み合わされると「〜するのに適している」という意味になります。この場合の Good to go. は「出発してもいい状態である」というニュアンスです。

▶▶ 表か裏か？

解説 欧米では flip a coin（コインを投げて）何かを決める時があります。スポーツでも先攻後攻を決める際に、コイン投げをすることがあります。「頭か尻尾か？」が「表か裏か？」に変化した表現です。

▶▶ まあ、ましな方かな。

解説 「調子はどう？」と聞かれて、「まあ、ましな方かな」「まあまあだね」と答える時に使えるひと言です。Could の前には It が省略されています。

▶▶ 最悪だよ。

解説 どこにも打開策が見つからないような最悪な状況で、「もうこれ以上悪くなることはない⇒最悪だ」といったニュアンスで使うひと言です。Couldn't の前には It または Things が省略されています。

▶▶ いまいちだね。

解説 例えば、食べている料理について How is it?（どう？）と聞かれた時に、「いまいちだな」「あまり良くないね」のニュアンスで使えるひと言です。調子を聞かれた時にも使えます。Couldn't be better. なら「最高だ」の意味になります。

BEST 96-100

96 ● 批判的なことを話す時に
I've seen worse.
[アイヴスィーンワース]

97 ● いつもと変わらない日常に
Same old stuff.
[セイムオゥルドスタッフ]

98 ● 批判的な相手に反論したい時に
Look who's talking.
[ルックフーズトーキン]

99 ● 相手を諭す時に
That'll teach you.
[ダルゥティーチユ]

100 ● 怒りのトーンで
That does it.
[ダッダズィット]

▶▶ もっと悪いのもいるわよ。

解説 「もっと悪い人・物も見たことがある」という意味です。相手が何か批判的なことを言った時に、「それはまだましな方だよ」「もっとひどいのがいる[ある]よ」というような時に使えます。

▶▶ 相変わらずだよ。

解説 「調子はどう？」と聞かれて、「相変わらずだよ」「いつもと同じだよ」と返答する時に使えるひと言です。Same as always. と同じ意味です。ちょっとうんざりした感じで Same old same old. と繰り返し言うフレーズもあります。

▶▶ よく言うよ。

解説 相手の言っている批判が、言っている本人にも当てはまるような時に、相手に反論するようなニュアンスで使われます。「よく言うよ」「君もそうだろ」「人のことは言えないだろ」のような意味です。You should talk. も同じ意味です。

▶▶ いい勉強になったね。

解説 ここでの「いい勉強」とは机の上での勉強ではなく、個人の体験・経験のことです。「経験したことが君にとって有益な勉強になった」というニュアンスです。場合によっては「これで少しは懲りるだろう」の意味にもなります。

▶▶ もう我慢できない。

解説 不満や我慢などが限界に達し、相手に文句を言う時に使えるひと言です。「もうこれ以上我慢できない」「もう許せない」「もう十分だ」のようなニュアンスです。「もう堪忍袋の緒が切れたぞ」という時にも使えますね。

BEST 101-105

101 ● レストランで同じものを注文する時

Make it two.
[メィケットゥ]

102 ● 悩んでいる人に

Count your blessings.
[カゥンチュァブレッスィングズ]

103 ● 出来るかどうか聞かれた時に

Nothing to it.
[ナッスィントゥイット]

104 ● ちょっと難しいことが起こった時に

Let's face it.
[レッツフェィスィット]

105 ● リラックスして

Easy does it.
[イーズィダズィット]

▶▶ 私も同じものをください。

解説 例えば、レストランで友達が頼んだものと同じものを自分も注文したい場合に使えるフレーズです。同じことを、I'll have the same. と言っても OK です。

▶▶ 悪いことばかりじゃないよ。

解説 blessing は「神の恵み⇒ありがたいもの、喜ぶべきもの」という意味を表します。気落ちしている人に、「(今ある幸せな部分に目を向けて) あなたがどれだけ恵まれているか数えてみなさい」というニュアンスで使えます。

▶▶ 簡単なことだよ。

解説 Can you finish it by tomorrow?(明日までにそれを終らせられる?)と聞かれて、「簡単なことだよ」「お安いご用です」というニュアンスで使えます。There's nothing to it. を省略した形です。「それでおしまい」という意味もあります。

▶▶ 現実を見つめよう。

解説 何かの困難を目の前にして、その現実をまず見つめ対処していこうといった場合に使われるひと言です。「現実をあるがままに見よう」「事実を正直に受け入れよう」というニュアンスです。

▶▶ 落ち着いて。

解説 相手の気持ちが先走って焦っているような時に、「ゆっくりやって」「慎重にね」「慌てないで」と落ち着かせるために使うひと言です。Easy! や Take it easy. も同じ意味を表すフレーズです。

BEST 106-110

106
● それはやり過ぎという場合に
That's pushing it.
[ダッツプッシィンギィット]

107
● ある話に触れて欲しくない時に
Don't go there.
[ドウントゴゥデァ]

108
● それ以上聞きたくない時に
Drop the subject.
[ドロップダサブジェクト]

109
● 相手の指摘が鋭い時に
Right on target!
[ライトオンターゲット]

110
● 一区切りがついた時に
That's one down.
[ダッツワンダウン]

▶▶ それはやり過ぎだよ。

解説 相手の発言や行動をとがめる時に使えるひと言です。主語や時制を変えて、This is pushing it.（これはやり過ぎだ）とか That was pushing it.（それはやり過ぎだったよ）のように応用できます。

▶▶ その話はやめて。

解説 友達と話していて、触れて欲しくないような話題に会話が展開しそうになった場合、Don't go there. は「そこに行かないでくれ⇒その話はやめてくれ、その話題には触れないで」といったニュアンスで使われます。

▶▶ もうその話はよしてくれ。

解説 人と話している中、もうその話題についてはそれ以上聞きたくないという状況で使える表現です。「もうその話[話題]はよしてくれ」のようなニュアンスです。Drop it. とも言います。

▶▶ まさにその通り！

解説 ちょうど放った矢が的（target）のど真ん中に命中したというイメージです。相手の言ったことが、実に的を射ているという場合に使うひと言です。ビジネスでは見積もりがどんぴしゃりという時にも使える表現です。

▶▶ やっと一つ片付いた。

解説 やっていることの区切りがついた時に使えるフレーズです。例えば、クッキーの調理中に卵とバターを混ぜる作業が終わった時に、「これでひとつ終わったわ」というふうに使えます。

BEST 111-115

111
- ちょっと強い調子で
- **Knock it off!**
- [ノッキロオフ]

112
- 参加するよ！と言いたい時に
- **I'm on board.**
- [アイムオンボード]

113
- ちょっとうんざりしながら
- **Read my lips.**
- [リードマィリップス]

114
- ちょっとあきれた調子で
- **Do the math.**
- [ドゥダミャス]

115
- びっくりした時に
- **That beats everything.**
- [ダッビーツエヴリスィン]

3語フレーズ BEST 120

▶▶ やめろ！

解説 迷惑な言動を続ける相手に、それを止めてほしい時に少し強い調子で使います。「やめろ！」「黙れ！」「静かにしろ！」のようなニュアンスです。同じ意味のフレーズに、Stop it! や Cut it out! があります。

▶▶ 私もその話に乗ります。

解説 on board は「（船・飛行機などに）乗って」という意味ですが、話に乗るという意味でも使えます。例えば、Would you like to go out tonight?（今夜出かけたい？）と言われた時の返答にも使えます。

▶▶ よく聞いてね。

解説 何度言ってもあまり理解してくれない相手に、ちゃんと聞いて欲しいということを伝える表現です。「（読唇術をするくらい）こちらの言っていることをよく注意して聞きなさい」というニュアンスです。

▶▶ 考えればわかるでしょ。

解説 数字をちょっと考えてみれば分かるような簡単なことを相手が分かっていない時に使います。You do the math. とも言います。「考えればわかるでしょ」「後は自分で考えてよ」のニュアンスなので、親しい間柄で使う表現です。

▶▶ それは驚いたなあ。

解説 何かを聞いて驚いた時に使えるひと言です。「それはすべてを打ち負かす」が直訳ですが、「それには驚いたなあ」「それはすごいなあ」「それは前代未聞だ」というニュアンスを表します。

BEST 116-120

116
● 同志になった相手に
Join the club!
［ジョィンダクラブ］

117
● うま過ぎる話を聞いた時に
What's the catch?
［ワッツダキャッチ↘］

118
● 何かを実現させたい時に
Make it happen.
［メィキットハプン］

119
● 良い状態が続くことを祈る時に
Knock on wood.
［ノッコンウッド］

120
● 秘密を守って欲しい時に
Mum's the word.
［マムズダワード］

▶▶ 同じ境遇ですね！

解説 何かのきっかけで同じような状況に立つことになった相手に言うフレーズです。「同じ境遇ですね！」「こちらも同じ状況だ！」のニュアンスです。Welcome to the club! や We're in the same boat. も同じ意味を表します。

▶▶ 何か裏でもあるの？

解説 名詞の catch には「わな、落とし穴」という意味があります。このフレーズはうま過ぎる話や誘いなどを持ちかけられた時に使えます。「何か裏でもあるの？」「何を企んでいるの？」といったニュアンスです。

▶▶ やるだけやってみよう。

解説 ちょっと実現させるのが難しそうなことでも、「それを起こさせよう⇒やるだけやってみよう、実現させよう」というニュアンスで使われるフレーズです。Let's を付けて、Let's make it happen. ともよく言います。

▶▶ 幸運が続きますように。

解説 直訳をすると「木を叩け」ですが、これはこのまま幸運が続いて欲しい時や不幸を避けたい時に使うフレーズです。魔除けのおまじないのようなものです。近くの木製テーブルなどを叩くジェスチャーをしながら言います。

▶▶ これは内緒だよ。

解説 「これは絶対内緒だよ」「ここだけの話だよ」という時のフレーズです。「ムー（口を閉じて発する音）以外の言葉はしゃべるな⇒沈黙こそがその言葉」というシェイクスピア作品のセリフが元になっています。The word is mum. とも言います。

みちくさ講座 ❸

「おもてなし」にも文化差が？

　アメリカのパーティーでよく使われる表現として Please help yourself.（自由に召し上がってください）や Please make yourself at home.（どうぞおくつろぎください）があります。いずれの表現も、「個々のゲストがそれぞれの方法で楽しむことが一番良いはずである」という考えを表しています。

　アメリカのパーティーでは、他のゲストと歓談を楽しむ人もいれば、音楽鑑賞に勤しむ人、また外庭に出てワインをたしなむ人、その楽しみ方は人それぞれです。ですから、ゲストを招いたホストも「これを楽しんで」とはあえて言わず、相手がゆったり自由に楽しめるように食事や環境に気を配ります。

　日本語の「おもてなし」という言葉は、2020年の東京オリンピック招致スピーチで話題となりました。「至れり尽くせり」という言葉があるように、日本ではまず相手の立場に立って考え、相手の必要なもの・好きなものを想像し、それらを求められる前に自分の方からベストなタイミングで提供することがホスピタリティであると考えられています。ホスピタリティとは相手に対する思いやり、心からのおもてなしのことですが、何をもって「おもてなし」と考えるかは、文化によって異なってくることも確かです。

Chapter 4 ・ 会話がはずむ

4〜6語フレーズ BEST 120

CD 65 〜 CD 85

BEST 1

I'm counting on you.

頼りにしてるよ。

[アィム **カ ウ** ンティンオンユ]

[カ]を強調して発音します。特に、[ユ]を強調する場合は、「あなた」こそを頼りにしているのよという感じが出ます。

会話で使おう！

① ディナーの場所を決める時に

A: I'll try to find a restaurant for dinner tonight.
B: I'm counting on you.

A: 今晩の夕食のレストランを見つけておくわ。
B: 頼んだよ。

② 職場で

A: I'm counting on you.
B: I know. I'll do my best.

A: 頼りにしてるわよ。
B: 分かってる。精一杯頑張るよ。

使い方のヒント

相手に何かを依頼して「頼りにしてますよ」「頼みましたよ」と念を押すような時に使えるフレーズです。count on 〜で「〜を頼りにする」という意味です。rely on や depend on と同じです。

これを応用すれば、You can count on me.（私に任せて）や Don't count on me.（私を当てにしないでね）なども言えますね。

❸ 参観日に

A: I'll behave myself in class.
B: I'm counting on you.

A: クラスではちゃんとするね。
B: 頼むぞ。（がっかりさせないでくれよ）

❹ レストランで

A: Could you choose a good wine for us?
B: Sure.
A: I'm counting on you.

A: いいワインを選んでもらえるかしら？
B: もちろん。
A: 当てにしてるわ。

BEST 2

What makes you think so?
なぜそう思うの？

🔊 [**ワッ**トメイクスユ**スィ**ンクソゥ↘]

What の[ワッ]、makes の[メィ]、think の[スィ]を強く発音し、リズムよく文をひとつながりで言ってみるときれいに聞こえます。

会話で使おう！

① 職場で

A: I don't think this plan will actually work.
B: What makes you think so?

(A: この計画は実際にはうまくいかないと思うわ。
B: どうしてそう思うの？)

② 朝出勤前に

A: I don't feel like going to work today.
B: Hmm, what makes you think so?

(A: 今日は仕事に行く気がしないなあ。
B: ふーん、どうしてそう思うの？)

使い方のヒント

相手の考えの背景として何があるのかを詳しく聞きたい時に使える表現です。「何があなたにそう思わせるのか⇒なぜそう思いますか」という意味です。Why do you think so? と同じ意味ですが、主語に What を使っている点がポイントです。時制を変えて、makes の部分が過去形の made になることもあります。

もっと詳しく聞きたい時は、so を that 節にして What makes you think that he can pass?（どうして彼が合格できると思うの？）とも言えます。

❸ 友達と映画を見終わって

A: The ending was disappointing.
B: What made you think so?

(**A:** 結末はつまらなかったわ。
B: どうしてそう思ったの？)

❹ 授業中に

A: What makes you think we'll have a quiz tomorrow?
B: Jim was saying something like that.

(**A:** どうして明日小テストがあるって思うわけ？
B: ジムがそんなことを言ってたからだよ。)

BEST 3

The same to you.

あなたもね。

[ザセイムトゥユー]

same は [セーム] にならないように注意しましょう。to と you はひとつながりで、[トゥユー] とさっと言えれば自然に聞こえます。

会話で使おう！

❶ 週末前に

A: Have a nice weekend.
B: The same to you.

> A: 良い週末をね。
> B: 君もね。

❷ 休暇シーズン前の挨拶に

A: Happy holidays!
B: The same to you.

> A: 楽しい休暇を過ごしてね！
> B: あなたもね。

4～6語フレーズ BEST 120

使い方のヒント

例えば、Merry Christmas!（よいクリスマスを！）と言われた時に、「あなたもね！」と言いたい時に使えるひと言です。The を省いて、Same to you. と言うこともあります。

また、相手に何か言われて「それはお互いさまでしょ」「そっちこそ」と返す時にも使えるフレーズです。

❸ 年始のパーティーで

A: Happy new year!
B: The same to you.

A: 明けましておめでとう！
B: おめでとう。

❹ 職場で

A: You did a great job at the presentation.
B: The same to you. You did well too.

A: プレゼン、すごく良かったわよ！
B: 君もさ。君も上手だったよ。

BEST 4

I've heard all about you.
お噂はかねがね伺っております。

[ァィヴハード**オー**ルァ**バウ**チュ]
[オー]の部分を特に強調して発音します。
about と you はひと続きで [アバゥチュ]
のように発音すると自然です。

会話で使おう！

❶ 職場で新人に

A: Nice to meet you.
B: I've heard all about you.

A: 初めまして。
B: お噂はかねがね伺っております。

❷ 新しいチームメンバーに合う時に

A: I've heard all about you.
B: All good things, I hope.

A: あなたのことは色々と聞いていますよ。
B: よい噂ばかりだといいのですが。

4〜6語フレーズ BEST 120

使い方のヒント

友達や親しい人の紹介で初対面の人に挨拶する時に使える表現です。例えば、ビジネスなどで初対面の人に挨拶をする時です。これまで会ったことはないけれども、その人の話はいろいろと聞いて知っているという場合です。

all の部分は a lot や so much に変えて言うこともよくあります。通常このフレーズは良い噂を聞いていますよという意味で、否定的なニュアンスはありません。

③ クリスマスパーティーで

A: I'm glad you two came together.
B: Thank you very much. I heard all about you.

A: お二人でいらしてくれてうれしいわ。
B: 本当にありがとうございます。お噂はかねがね伺っております。

④ 初対面の客が尋ねて来たら

A: Thank you very much for having me.
B: Welcome. I've heard all about you.

A: お招きいただき本当にありがとうございます。
B: いらっしゃい。あなたの話はよく聞いてますよ。

BEST 5

Those were the days.
あの頃はよかった。

[ゾゥズワァダ**ディ**ズ]

Those の th は、意識して舌をかむ感じで発音してみましょう。days は [デイ] を強く発音します。

会話で使おう！

① 同窓会で

A: Those were the days.
B: I know.

A: あの頃はよかったわ。
B: そうだよね。

② 会社で

A: We used to get off work at five o'clock every day.
B: Those were the days.

A: 以前は毎日5時に仕事を上がっていたよね。
B: あの頃はよかったわ。

4〜6語フレーズ BEST 120

使い方のヒント

昔の楽しい思い出を懐かしむ感じで使われるフレーズです。「あの頃(昔)はよかった」「あの頃が懐かしい」というニュアンスです。good old を付けて Those were the good old days. とすると、より「古き良き日々」という意味が強まります。

関連表現として、I miss those days.(あの頃が懐かしいなあ)や That brings back memories.(懐かしいなあ)なども覚えておくと便利ですよ。

---

❸ 昔は学校で

A: **We were always playing basketball in the gym.**
B: **Those were the days.**

A: いつも私たち、体育館でバスケをしていたわね。
B: あの頃が懐かしいよ。

❹ 昔1ドルは…

A: **It was only 80 yen for one dollar about 20 years ago.**
B: **Yeah, that's right. Those were the days.**

A: 20年頃前は1ドルがたったの80円だったわ。
B: うん、そうだね。あの頃はよかったよね。

BEST 6

I owe you a lot.

本当にお世話になっています。

🔊 [ァィ **オ ゥ** ュァ **ロ ッ** ト]

owe は [オゥ] の部分を強調して発音しましょう。you [ユ] はあまり延ばさずに、次の [アロット] とひとつながりに発音するときれいです。

会話で使おう！

① 送別会で

A: I owe you a lot.
B: It's not a big deal.

A: 本当にお世話になりました。
B: 大したことじゃないよ。

② 先生に

A: Congratulations on your graduation.
B: Thank you. I owe you a lot.

A: 卒業、おめでとう。
B: ありがとうございます。色々とお世話になりました。

使い方のヒント

このフレーズは、相手に感謝の意を伝える場面でよく使われます。owe は「借りがある」という意味なので、相手に助けてもらった場合には、I owe you.（私はあなたに借りがあります⇒助けてもらって感謝している）という意味になります。

I owe you a lot.（あなたにたくさん借りがある⇒あなたには本当にお世話になっている）は、I owe a lot to you. と言っても OK です。I owe you one.（ありがとう、恩に着るよ）も覚えておくと便利です。

❸ 会社の送別会で

A: It's been nice working with you.
B: Same. I owe you a lot.

- A: 一緒に働けてよかったです。
- B: こちらこそ。大変お世話になりました。

❹ 大学で

A: I was finally able to pass the class. I owe you a lot!
B: Not at all. I just gave you some advice.

- A: やっとあのクラス、合格したよ。本当に君のおかげだよ！
- B: 全然よ。ちょっとアドバイスをしただけよ。

BEST 7

That's the bottom line.
そこが重要な点だ。

[**ダ**ッッダ**ボ**トムライン]

[ザ]は常に意識して舌をかむ感じで発音してみましょう。bottomの[ム]はほとんど聞こえないくらいに発音します。

会話で使おう!

① テロのニュースを聞いて

A: We should unite to fight terrorism.
B: That's the bottom line.

A: 私たちはテロと戦うために団結すべきなのよ。
B: それが重要なんだよね。

② 学校で

A: Everything we do should be for the test, right?
B: That's the bottom line.

A: 今やっていることはすべて試験のためって言うわけだね?
B: 詰まるところはね。

4〜6語フレーズ BEST 120

使い方のヒント

「重要なこと・肝心なことはこれだ！」と強調したい時に使えるフレーズです。元々 bottom line とは「計算書の最下行に記された最終収益」のことを言います。

場合によっては、「それが結論だ」の意味になることもあります。The bottom line is... (要するに…、結局のところ…) の形で使われることも多いので、使えるようにしておきましょう。

---

③ 会議で

A: We definitely need to increase our profit with this new product.

B: That's the bottom line.

> A: 新製品で必ず利益をあげなくちゃね。
> B: そこが肝心な点なんだ。

! 表現ワンポイント

相手の話がどうも的を射なくて、どこに向かっているか分からない時に「結局どういうこと?」「で、結論は何なの?」と聞きたい場合には、**What's the bottom line?** というフレーズが使えます。

BEST 8

Let's play it by ear.
臨機応変にやろう。

[レッップレイットバィイァ]

play と it は続けて [プレィット] のように発音します。by ear の [バィ] と [イァ] もうまくつなげて発音するときれいです。

会話で使おう！

❶ 職場で

A: Should we withdraw from this contract?
B: Well, let's play it by ear.

- A: この契約から手を引くべきかしら？
- B: まあ、臨機応変に対応しようよ。

❷ どのレストランにしようか？

A: Which restaurant should we go to?
B: Let's play it by ear.

- A: どのレストランに行く？
- B: 成り行きに任せようよ。

4～6語フレーズ BEST 120

使い方のヒント

「臨機応援にやろう」「その場の成り行きに任せよう」というニュアンスで使われるフレーズです。例えば、友達と何かを決める際に、「その時になって考えればいいよ」と言いたい時に用いられます。

元々 play by ear は「(楽譜を見ずに) 耳で聞いて即興演奏する」(＝アドリブ演奏) という意味ですが、それが転じて「様子を見ながら、次の動きを考える」という意味になりました。

❸ 映画の後は？

A: Are we going out to dinner after the movie?
B: Let's play it by ear.

A: 映画の後で夕食に出かけるつもり？
B: 様子を見て決めようよ。

❹ デートの約束は？

A: What time should we meet up?
B: I should be done with work by five, but let's play it by ear.

A: 何時に会おうか？
B: 仕事は5時までには終わるはずだけど、その時の状況次第で決めようよ。

BEST 9

Let me sleep on it.

一晩考えさせてください。

[レッミィスリーポニット]

最初の Let は次の me と続けて [レッミィ] のように発音します。sleep on it もうまくつなげて [スリーポニット] のように発音します。

会話で使おう!

❶ 職場で

A: There's a chance for you to work overseas. Do you want to be considered?
B: **Let me sleep on it.**

A: 君には海外転勤の可能性があるんだ。その候補者としてどうだろうか。
B: 一晩考えさせてください。

❷ ショッピング中に

A: I think you should buy this suit.
B: Um, **let me sleep on it**.

A: このスーツを買ったらいいと思うわ。
B: うーん、ちょっと考えてみるよ。

4～6語フレーズ BEST 120

使い方のヒント

　即答をさけて、一晩考えてから返答したいという時に使えるひと言です。すぐには決断できない時には、決断するのに少し時間が必要なので、「ちょっと考えさせてみてください」と言いますよね。例えば、上司からこのプロジェクトの責任者になってくれるかと言われて、即答に困る場合もそうです。
　sleep on を使って、I'll sleep on it.（一晩考えてみるよ）と言うこともよくあります。

❸ 学校で

A: So, do you think you want to join our club?
B: Let me sleep on it.

A: それで、私たちのクラブに入ろうと思うの？
B: 少し考えさせて。

!表現ワンポイント

　sleep on it を使って、**Don't sleep on it.** と言うことがあります。「一晩寝て考えるな」ということですが、これは、すぐに実行や決断を相手に勧める時に使うフレーズです。「先延ばしにしないで」「今すぐやってみなさいよ」というニュアンスを表します。

BEST 10

I'll give it my best shot.
全力で頑張ってみます。

🔊 [ァィルギィヴィトマィベストショット]

[ァィル] と [ギィヴィト] はひと続きで発音しましょう。また、best と shot はどちらも最初を強く発音すると、自分の意気込みがしっかりと通じます。

会話で使おう！

❶ 学校でのテスト前に

A: You have a mid-term exam today, right?
B: Yes. I'll give it my best shot.

> A: 今日は中間テストでしょ？
> B: うん。全力で頑張るよ。

❷ 新しい職場で

A: I'm expecting a lot from you.
B: I'll give it my best shot.

> A: 君には大いに期待しているよ。
> B: 精一杯やります。

4〜6語フレーズ BEST 120

使い方のヒント

自分の決意を述べる時に使えるひと言です。例えば、入試の前に Good luck!（頑張れ！）と言われて、「全力でやります」と答えるような時に使えます。

元々 give it a shot で「試しにやってみる」「挑戦してみる」の意味なので、give it one's best shot であれば「全力を尽くしてやってみる」「最善を尽くして頑張る」という意味になります。

---

③ たとえ見込みは薄くても…

A: **I'm not sure if you can get that contract.**
B: **I know, but I'll give it my best shot anyway.**

A: 君がその契約を取れるかどうかは分からないなあ。
B: 分かってますが、とにかく最善を尽くしてみるつもりです。

表現ワンポイント

参加する者全員で「全力で頑張りましょう！」と言いたい時は、**Let's give it our best shot.** となります。いろんなシチュエーションで応用することが大切です。さらに、「我々はやれるだけやったよ」と言う場合には、**We've given it our best shot.** で OK ですね。

BEST 11-15

11 ● 久しぶりに会った人に
Long time no see.
[ロングタイムノゥスィー]

---

12 ● 別れ際に
Nice talking to you.
[ナィストーキントゥユ]

---

13 ● 訪問客に
Make yourself at home.
[メイクユァセルフアットホゥム]

---

14 ● 家族が帰って来た時に
How was your day?
[ハゥワズユァディ↘]

---

15 ● 全力を尽くすつもりなら…
I'll do my best.
[アィルドゥマィベスト]

4〜6語フレーズ BEST 120

▶▶ 久しぶりだね。

解説 久しく会っていなかった人に会えた時に使えるひと言です。「久しぶりだね」は、It's been a long time. や I haven't seen you for ages. とも表現できます。久しぶりに電話で話す相手には、Long time no speak [talk]. と言います。

▶▶ お話できてよかったです。

解説 「話ができてよかったわ」と言いたい時に使えるひと言です。It was [It has been] nice talking to you. を省略した形です。nice を good に変えて、Good talking to you. ともよく言います。

▶▶ どうぞおくつろぎください。

解説 訪問客に「どうぞおくつろぎください」「楽にしてください」と言う時に使えるひと言です。Please を文頭に付ければ、より丁寧な表現になります。同じ意味のフレーズに、Make yourself comfortable. と言うのもあります。

▶▶ 今日はどうだった？

解説 「今日の一日はどうでしたか」という意味です。このフレーズは、家族が学校や仕事から帰ってきた時に、「おかえり (= Hi.)」の後に、大抵続けて聞かれる質問です。友達との会話の中でも夕方にこの質問をされることはよくありますよ。

▶▶ ベストを尽くします。

解説 do one's best は「最善 [ベスト] を尽くす」「一生懸命頑張る」という意味です。I'll do my best. は何かをやり始める時の決意を表すひと言です。do を try に変えて、I'll try my best. とも言います。

BEST 16-20

16 ● 相手の職業を聞く時に
What do you do?
[ワッドゥユドゥ↘]

---

17 ● 誘いを断わる時に
I'd love to, but I can't.
[アィドラヴトゥバッライキャント]

---

18 ● やんわりと断りたい時に
Thanks, but no thanks.
[サンクスバットノゥサンクス]

---

19 ● まだ100%の確信がない時に
Don't be too sure.
[ドゥントビィトゥシュァ]

---

20 ● 用件を尋ねたい時に
What can I do for you?
[ワットキャナィドゥフォユ↘]

4〜6語フレーズ BEST 120

▶▶ お仕事は何をされていますか。

解説 初めて会った人に「どんなお仕事をされているのですか」と職業を聞く時の決まり文句です。What are you doing?（今何をしていますか）と混同してはいけません。What do you do for a living? と言うこともあります。

▶▶ そうしたいのですが、無理なのです。

解説 何かお誘いを受けた時に、「できればそうしたいのすが、無理なのです」という時に便利なひと言です。前置きの I'd love to の後で、残念そうに but I can't と言うのです。失礼のないようにお断りする時にぴったりの表現です。

▶▶ ありがとう、でも結構です。

解説 Would you like some coffee?（コーヒーはどう？）と聞かれて、「ありがとう、でも今はいいわ」と断る時に使えるフレーズです。ぶしつけな感じで言うと「要らねえよ」「ありがた迷惑だよ」のように聞こえるので、言い方に気をつけましょう。

▶▶ 過信したらだめだよ。

解説 まだ100%の確信がない、断言ができない状況で使えるひと言です。「過信したらだめだよ」「断言はできないよ」のニュアンスです。sure の後に about that. を続けることもあります。Don't be so sure. も同じような意味です。

▶▶ どういうご用件ですか。

解説 「私はあなたのために何ができますか⇒どういうご用件ですか」という意味のひと言です。店員やホテルなどの受付が客に対してよく使います。状況によっては「いらっしゃいませ」「何をお探しですか」に相当する表現にもなります。

BEST 21-25

21
● 電話中に相手の声が聞こえなくなったら
Are you still there?
[アーユスティル**デア** ↗]

22
● トラブルが予測される時に
It's too much trouble.
[イッ**トゥマ**ッチ**トラ**ブー]

23
● 納得できない時に
It doesn't make sense.
[イッ**ダ**ズン**メ**ィク**セ**ンス]

24
● 待ち遠しいことがある時に
I can hardly wait.
[アィキャン**ハー**ドリィ**ウェ**ィト]

25
● 当たって砕けろの精神で…
I'll take a chance.
[アィル**テ**ィクア**チャ**ンス]

▶▶ 聞こえますか。

解説 電話中に相手の声が聞こえなくなった時に使えるひと言です。「まだそこにいますか⇒もしもし聞こえますか」の意味です。電話中に相手からそう聞かれた場合には、Yes, I'm still here.(聞こえてるよ)と答えます。

▶▶ それは面倒すぎる。

解説 少し面倒でも引き起こしそうな状況を目にし、躊躇する様子で言う時に使えるひと言です。「それは面倒すぎる」「それはあまりにも大変だ」という意味です。It's too much trouble to ～のように to 不定詞が続くことも多いです。

▶▶ それでは話が通じない。

解説 相手の言っていることはどうも筋が通っていない、つじつまが合わないと感じる時に使えるひと言です。It doesn't make any sense. や It makes no sense. と言うこともできます。It は That になることもあります。

▶▶ とても待ちきれない。

解説 今週末のコンサートを楽しみで仕方がなくて「すごく楽しみで待ちきれないわ」と言いたい時に使えるひと言です。もっと簡単に I can't wait. と言っても OK です。I can't wait to ～のように to 不定詞が続くことがよくあります。

▶▶ 一か八かやってみるよ。

解説 「一か八かやってみるよ」「危険を承知で試しにやってみるよ」というニュアンスで使われるひと言です。場合によっては、「物は試しだ、当たって砕けろ」(= Go for broke.)にも相当するフレーズです。

BEST 26-30

26
● 困っている様子の人を見かけた時に

Do you need a hand?
[ドゥユニードアハンド ↗]

27
● 早いに越したことはない

The sooner, the better.
[ダスーナーダベター]

28
● 内緒話をする時に

This is between you and me.
[ディスィズビィットウィーンユアンドミィ]

29
● 何なりとどうぞ

Don't hesitate to ask for anything.
[ドウントヘズィテイトゥアスクフォエニスィン]

30
● 来客に

I've been expecting you.
[アィヴビーンイクスペクティンユ]

4～6語フレーズ BEST 120

▶▶ お手伝いしましょうか。

解説　例えば、重そうな荷物を持って階段を上っていく人を見かけた際に、「お手伝いしましょうか」「手を貸しましょうか」と話しかける時に使える便利なひと言です。同じ意味を表すフレーズに、Do you need some help? もあります。

▶▶ 早ければ早いほどいい。

解説　〈The ＋比較級 , the ＋比較級〉（…すればするほど、それだけますます～だ）という構文ですね。The more, the better.（多いければ多いほどよい）や The more, the merrier.（人数が多ければ多いほど楽しい）なども同じ形です。

▶▶ ここだけの話ですよ。

解説　内緒[秘密]話をする時に、「これは（私とあなたの間の）内緒にしておいてくださいね」と口外しないように相手に念を押す時に使うフレーズです。between の前に強調を表す just や only を付けて言うこともあります。

▶▶ 何なりとご用をお申し付けください。

解説　例えば、ホテルでお部屋に入られたお客様に「（ご遠慮せずに）どうぞ何なりとお申し付けくださいませ」と言う時に使えるフレーズです。for anything の部分は、for help や for advice など自由自在に変化します。

▶▶ お待ちしておりました。

解説　来客を迎える際に「お待ちしておりました」と言いたい時に使えるひと言です。「では、お待ちしております」であれば、I'll [We'll] be expecting you. と言えばいいですね。

BEST 31-35

31 ● 体に気をつけて！
Don't work too hard.
[ドゥントワークトゥハード]

32 ● 進み具合や調子を聞かれた時に
So far, so good.
[ソゥファーソゥグッド]

33 ● 相手の言ったことが信じられない時に
You've got to be kidding.
[ユゥヴガットゥビィキディン]

34 ● ファーストフード店で
For here or to go?
[フォヒィァオァトゥゴゥ↘]

35 ● 相手の発言の意味が分からない時に
What do you mean by that?
[ワッドゥユミーンバィダット↘]

4〜6語フレーズ BEST 120

▶▶ 無理しないでね。

解説 仕事を一生懸命頑張っている人や残業をしている人などに使うひと言です。日本だと「頑張ってね」と言う場面でしょうが、欧米では「働きすぎないようにね⇒無理しないでね」と声をかけます。人との別れ際にも使われます。

▶▶ 今のところ順調です。

解説 例えば、上司にプロジェクトの進捗状況を聞かれた時に「これまでは順調です」「今のところ順調です」と答える時に使えるひと言です。so far は「これまでは、今のところ」という意味の副詞句です。

▶▶ 冗談でしょう。

解説 相手の発言を信じられなくて、「冗談でしょう」「うそだろ」と言いたい時のひと言です。kidding の後には me が省略されています。You're kidding. や Are you kidding? や You must be kidding. のバリエーションもあります。

▶▶ こちらでお召し上がりですか、お持ち帰りですか。

解説 ファーストフード店で注文の前に聞かれるフレーズです。Is this for here or to go? や Will this be for here or to go? と聞かれることもあります。答え方としては、店内なら For here. (または Here.)、持ち帰りなら To go. で OK です。

▶▶ それはどういう意味ですか。

解説 単に What do you mean? と言うこともあります。相手の発言の意味が理解できなかった時に「それは具体的にはどういう意味ですか」の意味で使われます。口調によっては「何が言いたいんだ？」の意味にもなる表現です。

BEST 36-40

36
● 誤解を解く時に
I don't mean it.
🔊 [アィ**ドゥ**ントミーニット]

37
● 相手を褒めながら励ます時に
Keep up the good work.
🔊 [キーパップダ**グッドワー**ク]

38
● 疑いの余地がない時に
No question about it.
🔊 [**ノ**ゥク**エ**スチョンア**バゥ**リット]

39
● 議論の余地がない時に
No two ways about it.
🔊 [**ノ**ゥトゥ**ウェ**ィズア**バゥ**リット]

40
● 即答を避けたい時に
I'll think about it.
🔊 [アィル**ス**ィンクア**バゥ**リット]

4〜6語フレーズ BEST 120

▶▶ そんなつもりじゃありません。

解説　相手から何かを責められて、「そういう意味じゃありません」「そんなつもりはありません」と誤解を解こうとする時に使えるひと言です。「そんなつもりじゃなかった」と過去形で使いたい場合には、I didn't mean it. で OK です。

▶▶ その調子で頑張って。

解説　仕事、勉強、スポーツなどに一生懸命取り組み、良い結果を出している人を褒めながら、それを維持し続けるように励ます時のフレーズです。同じ意味を表すフレーズに Keep it up. というのもあります。

▶▶ それについては疑いの余地はない。

解説　絶対的な確信を主張する時に使えるひと言です。There's no question about it. を省略した形です。「それには疑問の余地はない」「それは言うまでもない」のニュアンスを表します。No doubt about it. も同じ意味です。

▶▶ 全くその通りだ。

解説　There are no two ways about it. を省略した形です。「全くその通りだ」「それは確かだ」「それには疑問の余地はない」「どう見ても結論は一つだ」のようなニュアンスです。No doubt [question] about it. とほとんど同じ意味です。

▶▶ 考えておきます。

解説　何か聞かれて即答できない場合に、「考えておきます」「検討してみます」という意味で使えるひと言です。No と言うわけではなく、少しは OK の可能性がある表現です。英語では、最初から No であれば、No と言うべきです。

BEST 41-45 CD 78

41 ● できるかどうかは分からないけど…
I'll see what I can do.
🔊 [アィル**スィーワッ**トアィキャン**ドゥ**]

42 ● 何かに頑張って取り組む時に
I'll work on it.
🔊 [アィル**ワーク オ**ニット]

43 ● 後でまた連絡したい時に
I'll get back to you.
🔊 [アィル**ゲットバッ**クトゥユ]

44 ● 残念ながら…
I'll have to pass.
🔊 [アィルハフトゥー**パヤ**ス]

45 ● 相手に用がある時に
Do you have a minute?
🔊 [ドゥユ**ハ**ヴァ**ミ**ニット ↗]

▶▶ やるだけやってみます。

解説 何かを頼まれて、それができるかどうか分からない場合、「何ができるか見てみます⇒何とかやってみます、できるだけやってみます」と言うニュアンスで使えるフレーズです。日本語の「前向きに善処します」に近い表現です。

▶▶ やってみるよ。

解説 work on ～は「～に取り組む」という意味です。少し難しい課題（仕事、宿題、その他何でも）を与えられた時などに「何とか頑張ってやってみるよ」というニュアンスを表すフレーズです。

▶▶ また後でかけ直します。

解説 電話での会話であれば、「後でかけ直します」「折り返し連絡します」の意味を表すひと言です。また、このフレーズは電話に限らず、日常生活の中で「また後で連絡するからね」と言う時にも使えます。

▶▶ 今回はやめておきます。

解説 友達からせっかく映画に誘われたけど、今回は断らないといけない時に「（残念ながら）今回はお断りしなければいけないの」という感じで使えるひと言です。単に自分の意思で「やめておきます」であれば、I'll pass. で OK です。

▶▶ 今ちょっといいですか。

解説 「今ちょっといいですか」「少しお時間ありますか」の意味です。友達になら「ちょっと今いい？」という感じです。Do you have time? と同じ意味です。Have you got the minute? や You got a minute? と言うこともできます。

BEST 46-50 CD 78

46
● 少し個人的に話したい時に
Can I have a word with you?
🔊 [キャ**ナィ**ハヴァ**ワー**ドウィズ**ユ** ↗]

47
● 価値を見いだせない時に
It's not worth it.
🔊 [イッツ**ノッ**ト**ワー**スィット]

48
● 問題外のことには…
It's out of the question.
🔊 [イッツ**ア**ゥロブダク**エ**スチョン]

49
● 相手の勘違いを正したい時に
That's a different story.
🔊 [ダッツァ**ディ**ファレントス**トー**リィ]

50
● 何かを引き受ける時に
Leave it to me.
🔊 [**リー**ヴィットゥミィ]

206

▶▶ ちょっとお話できますか。

解説 have a word with ～は「～と少し話をする、言葉を交わす」という意味です。このフレーズは「二人だけでちょっと話をしていい?」というニュアンスです。会社の上司に相談がある場合には、Can を May に変えて言うのが適切です。

▶▶ それだけの価値はないよ。

解説 It's worth it. に not を付けると「それだけの価値はないよ」という意味になります。買い物の商品に対しては「その値段は高過ぎるよ」、何かに挑戦する人に対しては「そんなのやったってむだだよ」といった感じです。

▶▶ それは問題外だ。

解説 「それは問題外だ」「それは全く不可能だ」「そんなの話にならない」という意味のフレーズです。the を付けずに、It's out of question. と言うと、「それは問題ない」「それは確かだ」の意味になってしまうので注意しましょう。

▶▶ それはまた別の話です。

解説 相手が話を混同していたり、勘違いしている時に使うひと言です。「それはまた別の話です」「それは話が違います」のようなニュアンスです。同じ意味のフレーズに、That's another story. というのもあります。

▶▶ 私に任せて。

解説 職場で同僚から Can you help me on this?(これ、助けてくれる?)と聞かれて、「私に任せて」と答える時に使えるひと言です。さらに、I'll leave it to you.(あなたに任せます⇒お願いします)も覚えておくと便利です。

BEST 51-55

51
● 本題に入る時に
Let's get down to business.
[レッツ**ゲッ**トダゥントゥ**ビ**ズニス]

52
● ちょっと調べてみたい時に
Let's check it out.
[レッツ**チェ**ケラゥト]

53
● 相手を叱って励ます時に
You know better than that.
[**ユ**ノゥ**ベ**ターダン**ダッ**ト]

54
● 音沙汰がない時に
No news is good news.
[**ノゥニュ**ーズィズ**グッ**ド**ニュ**ーズ]

55
● 相手に努力を促す時に
No pain, no gain.
[ノゥ**ペ**インノゥ**ゲ**イン]

4〜6語フレーズ BEST 120

▶▶ さあ、本題に入りましょう。

解説 会議や商談などで「それでは本題に入りましょう」と言う時に使えるひと言です。話だけでなく、仕事や授業のように「今やらなければならないことに取り組もう」という場合にも使われるフレーズです。

▶▶ さあ見てみよう。

解説 来週行く予定のレストランや友達が勧めてくれたホテルなど、実際はどんなものなのかちょっと調べてみたい、下見をしたい、覗いてみたいような場合に使えるひと言です。よくラジオのDJもLet's check it out. と言いますよね。

▶▶ もっとましなことを考えてよ。

解説 よく子供に「もっとちゃんとしなさい」「あなたそんな馬鹿じゃないでしょ」と言う時に用いられるフレーズですが、大人にも使われます。should を使って You should know better than that. と言うと、意味がより強くなります。

▶▶ 便りがないのは良い知らせ。

解説 家族や友達から久しく連絡が来ないねと話している時に使えるひと言です。このフレーズを応用して、No news is bad news in this case.（この場合は、便りがないのは悪い知らせだ）と言うこともあります。

▶▶ 苦労なくしては得るものはないよ。

解説 「痛み［苦労］(pain) なくして得る (gain) ものなし⇒苦は楽の種」という意味です。犠牲を払って努力しなければ、やり遂げることはできないというわけですね。pain と gain は韻を踏んでいます。

209

BEST 56-60 CD 79

56
● 同意・納得を示す

You made a good point.
[ユメィダグッドポィント]

57
● 相手が悩んでいるように感じたら

What's on your mind?
[ワッツオンユァマィンド↘]

58
● 何かアイデアが浮かんだ時に

I have something in mind.
[アィハヴサムスィンインマィンド]

59
● 相手を諫める時に

Are you out of your mind?
[アーユアゥロヴユァマィンド↗]

60
● たとえ No だとしても…

It never hurts to ask.
[イットネヴァハーツトゥアスク]

4〜6語フレーズ BEST 120

▶▶ 確かにそうだ。

解説 このフレーズは「確かにそうだな」「それはもっともだ」「いいこと言うね」のようなニュアンスです。会議などでは、You made a good point, but 〜の形で、反対意見をうまく言う時にも使われます。

▶▶ ねえ、何考えてるの？

解説 相手の心に何か引っかかっているような感じがする時に「ねえ、何考えてるの？」「何か悩んでるの？」「何か心配事でもあるの？」と聞くフレーズです。相手がぼ〜っとしていて何を考えているのか分からない時にも使えます。

▶▶ ちょっと考えがあります。

解説 ちょっと思いついたアイデアを他人の前で披露したい時に使えるひと言です。あくまでも「ジャストアイデア」のような案・考えです。I have something on my mind. (悩みがあるんです) と混同しないように注意しましょう。

▶▶ 気は確か？

解説 相手が正気かどうかを確かめる時に使えるひと言です。「気は確か？」「何考えてるの？」「頭大丈夫？」のようなニュアンスです。親しい間柄で冗談っぽく言うことが多いです。You lost your mind? と言っても同じ意味を表します。

▶▶ 聞くだけ聞いてみたら。

解説 「レストランでレモンパイが食べたい！でも、あるのかなあ…」と躊躇している友達に「聞くだけ聞いてみたら」と言う時に使えるひと言です。It を省いて、Never hurts to ask. とも言います。It doesn't hurt to ask. でもOKです。

BEST 61-65

61 ● 失うものは何もなし
You have nothing to lose.
[ユハヴ**ナッ**スィントゥ**ルー**ズ]

62 ● 決断を相手にゆだねる時に
It's up to you.
[イッツ**アッ**プトゥ**ユー**]

63 ● 相手に頑張って欲しい時に
Good luck with that!
[グッド**ラッ**クウィズ**ダッ**ト]

64 ● 成功を祈って欲しい時に
Keep your fingers crossed.
[**キー**プュァ**フィン**ガーズク**ロ**スト]

65 ● ちょっとうんざりしながら
Here we go again.
[ヒァウィ**ゴ**ゥァ**ゲ**イン]

4〜6語フレーズ BEST 120

▶▶ 駄目でもともとじゃないか。

解説　失敗する可能性はあるとしても、「あなたは失うものは何もないのだから、思い切って駄目もとでやってみなさいよ」という場合に使えるフレーズです。もちろん、主語の You は状況に応じて、I や We などいろいろ変化します。

▶▶ それはあなた次第です。

解説　相手に決断を促すために、「それはあなた次第です」「それを決めるのはあなたです」と言う時に使えるひと言です。all を付けて、It's all up to you. ともよく言います。よく似た表現に It's your choice. があります。

▶▶ それ頑張ってね！

解説　相手が試験、仕事、プレゼンなど何かをこれから頑張らなければならない時に、「それ頑張ってね」「うまくいくといいね」と言う場合のひと言です。with の後の that の部分は具体的な名詞（例:the exam）を入れて使うことも多いです。

▶▶ 祈っておいてね。

解説　keep one's fingers crossed とは、人差し指と中指を交差させて十字架を作るジェスチャーのことです。「自分の幸運を祈っておいて」という願掛けフレーズです。真面目に祈って欲しい人なら、Please pray for me. と言うでしょう。

▶▶ またかよー。

解説　不愉快なことを再び繰り返した時に使えるひと言です。同じような説教を繰り返す上司を見て、同僚にコッソリと「やれやれ、またかよ」「また始まったか」と言う時に使えます。Here we go. は「さあ行くぞ」「始めるぞ」の意味です。

BEST 66-70

66 ● どちらかと言えば…
That's more like it.
[ダッツモァライキット]

67 ● 相手をまた歓迎したい時に
Don't be a stranger.
[ドウントビィアストレインジャー]

68 ● 放っておいてほしい時に
None of your business.
[ナノヴュァビズニス]

69 ● 太鼓判を押したい時に
Take my word for it.
[テイクマィワードフォイット]

70 ● 頑張っている人に
Your efforts will pay off.
[ユァエフォツウィルペイオフ]

▶▶ その方がいいよ。

解説 ドレスを試着中の女性に「そっちの方が似合ってるよ」と言うような場合に使えるひと言です。「その方がいいよ」「さっきよりもいいよ」のニュアンスです。状況によっては「そうこなくっちゃ」の意味で使われることもあります。

▶▶ また来てね。

解説 「他人にならないでくれ」が直訳ですが、日常会話の中では「また遊びに来てね」(= Come again soon.) の意味でよく使われます。「いつでも来て」「いつでも電話して」など、相手に疎遠にならないことを優しく伝える表現です。

▶▶ あなたには関係ないでしょ。

解説 詮索好きな相手に対して「あなたには関係ないでしょ」「大きな[余計な]お世話だよ」とたしなめるような時に使えます。文頭に It's や That's をつけて言うこともあります。Mind your own business. も同じ意味の表現です。

▶▶ 私の言うことを信じて。

解説 「私の言葉をそのまま受け取りなさい⇒私の言うことを信用してくれ、私の言う通りにした方がいいよ」という意味のフレーズです。強調を表す just を付けて、Just take my word for it. ともよく言います。

▶▶ 努力は報われるよ。

解説 あなたの努力は報われると言いたい時のひと言です。文頭に I'm sure (きっと)、文末に one day (いつか) や in the long run (長い目で見れば) を付けることもあります。主語に Your patience や Your hard work を使ってもいいですね。

BEST 71-75

71
● 相手に誤解を与えたくない時に
Don't get me wrong.
[ド ウ ント ゲッ ミィ ロ ング]

72
● ちょっとあきらめ気味に…
That's the way it is.
[ダ ッ ツダウェイイ テ ィ ズ]

73
● 新しいことに挑戦する人に
You'll get the hang of it.
[ユ ー ル ゲットダ ハ ングオヴイット]

74
● 気遣ってくれる相手に
Don't go out of your way.
[ド ウ ントゴゥア ゥ ロヴュァ ウ ェ イ]

75
● 期待に答えます！
I won't let you down.
[ァィウ オ ゥ ントレ ッ チュダウン]

4〜6語フレーズ BEST 120

▶▶ 誤解しないでね。

解説　相手に何かを誤解されそうな時に使えるひと言です。「誤解しないで」「勘違いしないで」のようなニュアンスです。get の代わりに take を使って、Don't take me wrong. ということもります。

▶▶ それが現実だよ。

解説　例えば、残業が辛いと愚痴っている友人に「(仕事なんて) そんなもんだよ」と少しあきらめ気味に話す時に使います。「それが現実だ、そんなものさ」という意味です。That's the way it goes. や It is what it is. も同じ意味です。

▶▶ すぐにコツをつかめますよ。

解説　この場合の hang は「コツ、扱い方」という意味です。このフレーズは「やっていくうちにすぐにコツをつかめますよ」というニュアンスです。hang の代わりに knack を使って、You'll get the knack of it. とも言います。

▶▶ 無理しなくていいよ。

解説　「わざわざ無理しなくてもいいからね」「私のことはおかまいなく」と言う場合のひと言です。文頭に Please を付けて、丁寧に言うこともよくあります。way の後に to 不定詞を続けることも多いです。

▶▶ がっかりさせませんよ。

解説　何かを任された時に「がっかり [失望] させません」や「期待にこたえます」の意味で使えるひと言です。なお、「がっかりさせないでくれ」であれば、フレーズを応用して、Don't let me down. と言えばいいですね。

217

BEST 76-80

76 ● ちょっとくだけた調子で
Have a go at it.
🔊 [ハヴァゴゥアッリット]

77 ● 回りくどい人には…
Get to the point.
🔊 [ゲットゥダポイント]

78 ● 遠回しな言い方をやめて欲しい時に
Don't beat around the bush.
🔊 [ドウントビートアラウンドダブッシュ]

79 ● 言うのは簡単だけど…
Easier said than done.
🔊 [イーズィァセッドダンダン]

80 ● 感謝の気持ちを忘れずに！
Don't take it for granted.
🔊 [ドウントテイキットフォグランティッド]

4〜6語フレーズ BEST 120

▶▶ 試しにやってみろよ。

解説 何かにトライしようとする人に、「試しにやってみろよ」と言う時に使えるひと言です。より簡単に言うと、Give it a try. ですね。このフレーズを応用して「それを試しにやってみようよ」であれば、Let's have a go at it. で OK ですね。

▶▶ はっきり言って。

解説 ごちゃごちゃ回りくどい言い方をしてなかなか要点を言わない人には、このフレーズです。「はっきり言ってよ」「単刀直入に言ってよ」のようなニュアンスです。Get の代わりに Come を使って、Come to the point. とも言います。

▶▶ 遠回しな言い方をしないで。

解説 遠回しな言い方をする人にはっきり言って欲しい時に使えるひと言です。「やぶの周りをたたいて獲物を追い出すな⇒遠回しな[回りくどい]言い方をするな」というニュアンスです。

▶▶ 言うは易し、行うは難し。

解説 相手が実行できなさそうなことを言った時に、「口で言うほど簡単ではないよ」という感じでよく使われるフレーズです。Easier の前に、It's や That's をつけて言うこともあります。

▶▶ 当たり前だと思わないで。

解説 「それを当然のことを受け止めるな」とむしろ感謝こそすべきだと言いたい時に使えるフレーズです。また、何かと図々しい人には「調子に乗るな、図に乗るな」という意味でも使える表現です。

219

BEST 81-85

81 ● 初耳！
That's news to me.
[ダッツ**ニュ**ーズトゥミィ]

82 ● 何が重要かを説明する時に
That's all that counts.
[ダッツオールダッ**カゥ**ンツ]

83 ● 説明や確認などの前置きに
Let me get this straight.
[レッミィ**ゲッ**ディストゥ**レイ**ト]

84 ● 驚いた時に
What do you know!
[ワットドゥユ**ノゥ**]

85 ● まったく知らない時に
Why should I know?
[ワイシュ**ダイ**ノゥ↘]

4～6語フレーズ BEST 120

▶▶ それは初耳です。

解説　知らなかったことを初めて聞いた時に、驚くような感じで使うフレーズです。「それは初耳だ」「それは知らなかった」という意味です。I didn't know that. でもいいですが、このフレーズの方がカッコいいですよね。

▶▶ それが一番大切なんだよ。

解説　給料が上がらないと愚痴ってばかりの同僚に But you're enjoying the job. That's all that counts.（でも、仕事を楽しんでいるじゃないか。それが一番大切だ）と言う時に使えるひと言です。That's what counts. とも言います。

▶▶ このことをはっきりさせてください。

解説　例えば、話をしているうちに理解が混乱してきたような時に使えるひと言です。議論の筋道を明確にするために用いられるフレーズで、「話をはっきりさせておきたいんだ」「ちょっと話を整理[確認]させて」のようなニュアンスです。

▶▶ まさか！

解説　相手が言ったことにすごく驚いた時に使えるフレーズです。「まさか！」「驚いたね！」「知らなかったなあ」のようなニュアンスです。What do you know? であれば「どう？元気？」「最近何か変わったことあった？」のような意味です。

▶▶ 私が知っているわけないでしょ。

解説　知っているはずもないことを聞かれた時に使えるひと言です。例えば、Do you know why he is late?（彼はなぜ遅れてるのか知ってる？）と聞かれて、「そんなの知らないよ」「知っているわけないでしょ」と答える時に使えます。

BEST 86-90 CD 82

86
● 分かっていることを指摘されたら
Don't I know it!
🔊 [ド**ウ**ントァィ**ノ ウ**ィット]

87
● 相手を責めるわけにいかない時に
I don't blame you.
🔊 [ァィド**ウ**ントブ**レ**ィムユ]

88
● 自業自得…
You asked for it.
🔊 [ユ**ア**スクトフォイット]

89
● 取り返しがつかない時に
What's done is done.
🔊 [**ワ**ッッ**ダ**ンイズ**ダ**ン]

90
● あきらめの気持ちを表す時に
What will happen will happen.
🔊 [**ワ**ットウィル**ハ**プンウィル**ハ**プン]

4～6語フレーズ BEST 120

▶▶ そんなこと分かってるよ！

解説 「私がそれを知らないとでもいうのか？⇒もちろん、知っている」という反語的な言い方です。「そんなこと知ってるよ！」というニュアンスで使います。場合によっては、「全くその通りだ！」と相手の言葉に同意を示す表現にもなります。

▶▶ 無理もないよ。

解説 「私はあなたを責めない⇒無理もないよ、しょうがないよ」のニュアンスを表すフレーズです。何かに失敗した人に対して、「無理もないことだから仕方ないよ」と言うわけです。I can't say I blame you. も同じ意味の表現です。

▶▶ 自業自得だよ。

解説 「それはあなたが自分で望んだことだ⇒自業自得だ、身から出た錆だ」というニュアンスのフレーズです。相手に非がある時に使える表現ですね。少し形を変えて、That's what you asked for. とも言います。

▶▶ 済んでしまったことは仕方がない。

解説 この表現はシェイクスピアの「マクベス」のセリフから来ています。「終わったことは終わったことだ」が直訳です。日本語の「覆水盆に返らず」という諺に近いですね。What'd done cannot be undone. も同じ意味で使われます。

▶▶ なるようにしかならないね。

解説 「起こるであろうことは起きるであろう⇒なるようになるさ、なるようにしかならないよ」という意味のフレーズです。大抵はあきらめの感情を表す時に使います。スペイン語の「ケセラセラ」と同じですね。

223

BEST 91-95

91 ● 乗り気になっている時に
I'm up for it.
[アイム**アッ**プフォイット]

92 ● これにかなう物はない！
You can't beat that.
[ユー**キャ**ントビート**ダ**ット]

93 ● 相手の力を賞賛して…
You are something else.
[**ユー**アー**サ**ムスィン**エ**ルス]

94 ● 残りの話を省略したい時に
The rest is history.
[ダ**レ**ストイズ**ヒ**ストゥリィ]

95 ● 相手が遅刻した時に
Better late than never.
[ベター**レイ**トダン**ネ**ヴァ]

4〜6語フレーズ BEST 120

▶▶ いいわね、喜んで。

解説 「一緒にサーフィンしない？」と聞かれた時などに使えるひと言です。I'm up for it. は、何かについて「乗り気だ」「やってみたいな」というニュアンスです。「そんな気分じゃない」場合には、I'm not up for it. と言えば OK です。

▶▶ それにはかなわない。

解説 何か他にかなうものがないものを見たり、聞いたりした時に使うひと言です。例えば、バスケットボールの試合ですごいプレーを見て「あれには誰もかなわない！」と言うような時に使えます。

▶▶ 君はすごいね。

解説 something else は「すごい人、すごいもの」という意味で、通常このフレーズは「君はすごいなあ」「あなたは素晴らしいね」の意味で使われます。反語的に「君って変わった人だなあ」の意味になることもあります。

▶▶ 後は知っての通りさ。

解説 話をしている途中で、最後まで言わなくても相手が話の続きを知っている、または一般常識で後は推測可能な時に使えるひと言です。He's history.（彼は過去の人だ）や I'm history.（私の時代は終わった）も面白い表現です。

▶▶ 遅れてもやらないよりはましだ。

解説 遅刻して来た人に「遅れても来ないよりましだ」とちょっと皮肉な感じで使います。また、状況によっては「遅れてもしないよりましだ」という意味にもなります。文頭の It's が省略された形です。

BEST 96-100 CD 83

96
● 相手に用心を促す時に
Better safe than sorry.
🔊 [ベターセィフダンソリィ]

97
● 不信感や不賛成を表す
I don't buy that.
🔊 [アィドウントバィダット]

98
● 何かを約束する時に
You have my word.
🔊 [ユハヴミィワード]

99
● 何とか妥協できる時に
I can live with that.
🔊 [アィキャンリヴウィズダット]

100
● 仕事を切り上げる時に
Let's call it a day.
🔊 [レッツコーリットアデイ]

4〜6語フレーズ BEST 120

▶▶ 用心するに越したことはないよ。

解説 危険を冒して後で sorry（後悔する）よりも、用心して safe（安全な）策でいった方が良いという意味です。日本語の諺の「石橋を叩いて渡る」や「転ばぬ先の杖」に相当すると考えてもよいでしょう。

▶▶ そんなの信じられないよ。

解説 「そんなこと信じないよ」「そんな話にはだまされないよ」の意味のフレーズです。この場合の buy は「〜を本当のこととして受け入れる」という意味です。場合によっては、「そりゃ、いただけないね」の意味にもなります。

▶▶ 約束するよ。

解説 相手に何かを約束する、保証する時に使えるひと言です。I promise. と同じ意味ですが、より形式的で強い意味を表します。このフレーズでの word は「約束」「誓言」という意味です。

▶▶ それなら何とかやれます。

解説 「夕食はパスタでいいわよね」と言われて、「まあそれでいいよ」と答えるような時に使えるひと言です。与えられた条件や環境の中で、完璧ではないけども「それで何とかやっていける」「それで妥協できる」というニュアンスです。

▶▶ 今日はここまでにしましょう。

解説 「今日はここまでにしましょう」「今日のところはこれで終わりにしましょう」という意味のフレーズです。夜仕事だけでなく、昼間の仕事にも使えます。It's time to call it a day.（今日はこれで終わりだ）と言うこともあります。

BEST 101-105

101 ● 話の続きをさらに聞きたい時に
Is there any more to it?
[イズデァ エニィ モァ トゥ イット ↗]

102 ● ど忘れした時に
It's slipped my mind.
[イッツ スリップト マィ マインド]

103 ● 受けるか否か?
Take it or leave it.
[テイキット オァ リーヴィット]

104 ● さっぱり分からない時に
It's all Greek to me.
[イッツ オール グリーク トゥ ミィー]

105 ● 相手にもう一度説明して欲しい時に
Run that by me again?
[ラン ダット バイ ミィア ゲイン ↗]

▶▶ もっとないの？

解説 人の話を聞いている時に、こちらとしてはもっと面白いことを聞けるかなと思っていたのに、結局は期待外れで「というか、もっと続きの話はないの？」「えっ、話はそれだけ？」というような場合に使えるフレーズです。

▶▶ ど忘れしたよ。

解説 It's は It has のことで、「ど忘れしたよ」「思い出せないよ」という意味のフレーズです。「そのことはすっかり忘れていたよ」ならば、過去形にして It completely [totally] slipped my mind. で OK です。

▶▶ これでだめなら、もうやめとけば。

解説 「それを取るか、置いていくかのどちらかにしろ⇒のるかそるか決めろ」という意味のひと言です。ビジネス交渉の最終段階で交渉を渋る相手に決断を迫る時によく使われる表現ですが、日常生活でも使えます。

▶▶ 私にはチンプンカンプンだ。

解説 昔から Greek（ギリシャ語）は難しい言語だと言われてきました。そこからこのフレーズは「それはチンプンカンプン（珍紛漢紛）だ」「私にはそれは全く理解できない」という意味になりました。強調を表す all は省くこともあります。

▶▶ もう一度言ってくれる？

解説 Pardon?（＝ I beg your pardon?）や Can you say that again? と同じようなフレーズですが、相手が話したことが、特にひと言ではなく、まとまった説明である場合に使います。

BEST 106-110 CD 84

106
● 差し迫って何かをすべき時に
Something's got to give.
[サムスィングズ ガッ トゥ ギヴ]

107
● 話が脱線したら…
You're getting off track.
[ユア ゲッ ティン オフ トラック]

108
● わけが分からなくなった時に
I'm all mixed up.
[アィムオール ミィ クスト アップ]

109
● 相手の言葉に共感する時に
Tell me about it.
[テォミィア バウ リット]

110
● 起こりそうもない時に
That'll be the day.
[ダルウビィダ デイ]

4〜6語フレーズ BEST 120

▶▶ このままではいけないよ。

解説 「事態は差し迫っているから今すぐ何か手を打たなければならない⇒このままではいけない」といったニュアンスのフレーズです。has got to は have to と同じく、「〜しなければならない」の意味です。

▶▶ 話が逸れていますよ

解説 「話が脱線していますよ」「本題から逸れていますよ」という意味合いでよく使われます。列車が脱線するのも、話が主題から脱線するのも、off (the) track です。You're going off on a tangent. も同じ意味のフレーズです。

▶▶ もう頭がすっかり混乱しているよ。

解説 難しい課題などに直面した時に、I'm all mixed up. と言います。「すっかり(頭が)混乱している」という意味です。all(まったく、すっかり)は強調を表す副詞です。I'm mixed up. なら「ちょっと頭が混乱している」くらいの意味です。

▶▶ それはよく分かるよ。

解説 「それについて教えて」が直訳ですが、相手の言ったコメントに対して、「それはよく分かるよ」「そうだよね」と同意したい時に使えるフレーズです。もちろん、「それについて教えて」の意味にもなります。

▶▶ そんなことありっこないよ。

解説 「そんなことが起こったら、すごい日になるだろう」というのが直訳です。しかし、本来の意味は「そんなのあり得ないよ」「まさかそんなこと起こるものか」「馬鹿言ってんじゃないよ」という皮肉的なものになります。

BEST 111-115

111 ● かなり急いでいる時に
I need it yesterday.
[アィニーディットイェスタデイ]

112 ● そんなに世間知らずじゃない
I wasn't born yesterday.
[アィワズントボーンイェスタデイ]

113 ● もう少し詳しく聞きたい時に
Can you elaborate on that?
[キャンユイラボレイトオンダット ↗]

114 ● 話の一部が理解できなくなった時に
You lost me there.
[ユロストミィデア]

115 ● 大変な目に遭って…
You don't even know.
[ユードウントイーヴンノゥ]

4〜6語フレーズ BEST 120

▶▶ 大至急必要なんだ。

解説 「大至急 [今すぐ] 必要なのだ」という意味です。過去形の needed ではなく、必ず現在形の need になります。これは、「(昨日必要なくらい)今すぐ要るのだ」という意味が強調されているからです。

▶▶ 甘く見ないでね。

解説 自分を軽くあしらおうとする人やだまそうとする相手に使えるフレーズです。「私は昨日生まれたわけではない⇒甘く見ないで、馬鹿にしないで、なめるなよ、だまそうとしても無駄だぞ」というニュアンスを表します。

▶▶ それについてもう少し詳しく話してもらえますか。

解説 相手が言ったことについてもっと詳しく [具体的に] 知りたい時に使えるひと言です。Can you explain a little more about that? よりもかっこいい響きがありますよね。より丁寧に言う場合には、Can を Could に変えれば OK です。

▶▶ そこが分からないんです。

解説 相手の話の一部が理解できなくなった時に使えるひと言です。Wait a sec. You lost me there.（ちょっと待って。そこが分からないんだよ）という感じで使えます。You've lost me there. と言っても OK です。

▶▶ もう大変だったよ。

解説 例えば、「旅行中、台風だったんだってね」と言われて、「もう大変だったよ」「本当にひどかったよ」と言いたい時に使えるひと言です。場合によっては、文字通り「あなた、何も変わってないわね」の意味になることもあります。

233

BEST 116-120

---

116 ● よく同じことを言われる時に
I get that a lot.
[アィ **ゲッ** ダッラ **ロッ** ト]

---

117 ● 全く同感！
I couldn't agree more.
[アィ **ク** ドゥント アグリー **モァ**]

---

118 ● 全く気にもかけない時に
I couldn't care less.
[アィ **ク** ドゥント ケァ **レ** ス]

---

119 ● 言い訳をさせない時に
No ifs, ands or buts.
[**ノゥイ** フズ **ア** ンズ オァ **バッ** ッ]

---

120 ● 後悔先に立たず
"Could have" doesn't count.
[**ク** ド **ハ** ヴ **ダ** ズント **カ** ゥント]

▶▶ よくそう言われるんです。

解説 相手が今言ったことと同じことをいろんな人から言われて、「よくそう言われるんです」と言いたい時に使えるフレーズです。例えば、「あなたは芸能人の○×に似てるね」とよく言われる場合などです。

▶▶ 大賛成です。

解説 話している相手が意見を述べた時に、「大賛成です」「全く同感です」と共鳴する時に使えるひと言です。I couldn't agree with you more. とも言えます。I couldn't agree (with you) less. なら、「大反対です」の意味になります。

▶▶ そんなのどうでもいいよ。

解説 「今日はどこのレストランに行きたい？」と聞かれて、「そんなのどこでもいいよ」と言うような場合に使えるフレーズです。興味や関心がないわけですね。くだけた会話では、I could care less. と言う人もいます。

▶▶ 言い訳を言ってもだめだ。

解説 言い訳や文句を言う人に対してよく使われるひと言です。「言い訳[文句]を言ってもだめだ」「つべこべ言うな」「弁解[問答]無用」のようなニュアンスです。もっと簡単に No ifs and buts. と言うこともあります。

▶▶ 「たら、れば」は無意味だ。

解説 〈could have + p.p（過去分詞）〉は「～することは可能だった、～はあり得た」という意味です。そこで、このフレーズは「あり得たなどと言っても無効だ」という意味になります。過去への後悔を今さらしても仕方がないわけです。

英語さくいん

超万能ミニフレーズをアルファベット順に並べたさくいんです。フレーズの検索や覚えたかどうかの確認にご利用ください。

A

Act your age. 150
Afraid so. 52
Any news? 44
Anything goes. 84
Anything you say. 142
Are you out of your mind?
.... 210
Are you still there? 196
ASAP. 32
Ask me anything. 142

B

Be right there. 130
Bear with me. 118
Beats me. 84
Better late than never. 224
Better safe than sorry. 226
Bingo! 24

C

Can I have a word with you?
.... 206
Can you elaborate on that?
.... 232
Care for another? 112
Cheer up. 78
Clear? 22
Come again? 82
Come on now. 132
Come right in. 138
Coming through. 144
Could be better. 158
Could be worse. 158
"Could have" doesn't count.
.... 234
Could you hold? 132
Couldn't be worse. 158
Count me in. 108
Count your blessings. 162

D

Deal. 28
Do the math. 166
Do you follow? 134
Do you have a minute? .. 204
Do you need a hand? 198
Done? 20
Don't be a stranger. 214
Don't be too sure. 194
Don't beat around the bush.

.... 218
Don't bother. 70
Don't get me wrong. 216
Don't go out of your way. 216
Don't go there. 164
Don't hesitate to ask for anything. 198
Don't I know it! 222
Don't mind me. 136
Don't miss out. 150
Don't take it for granted. 218
Don't waste time. 136
Don't work too hard. 200
Drop by anytime. 110
Drop the subject. 164

E

Easier said than done. ... 218
Easy does it. 162
Either is fine. 90
Enjoy yourself! 46
Enough is enough. 146
Everyone does. 58

F

Fancy that! 86
Fill me in. 120
Follow me. 78
For here or to go? 200
For real? 82
For sure. 38

G

Get over it. 156
Get real. 80
Get the picture? 152
Get to the point. 218
Give it time. 140
God only knows. 150
Good grief! 72
Good luck with that! 212
Good to go. 158
Gotcha! 14

H

Hang on. 80
Have a go at it. 218
Heads or tails? 158
Here we go again. 212
Here you go. 100
How could you? 154
How so? 82
How was your day? 192
How're things going? 132
How's business going? .. 106
How's that again? 154

I

I can hardly wait. 196
I can live with that. 226
I couldn't agree more. 234
I couldn't care less. 234
I don't blame you. 222

237

I don't buy that. 226
I don't mean it. 202
I get that a lot. 234
I have something in mind.
.... 210
I hear you. 152
I know what. 146
I miss you. 104
I need it yesterday. 232
I owe you a lot. 182
I swear! 74
I tell you. 148
I thought so. 132
I wasn't born yesterday. · 232
I won't let you down. 216
I'd love to, but I can't. 194
I'll do my best. 192
I'll get back to you. 204
I'll get this. 144
I'll give it my best shot. .. 190
I'll have to pass. 204
I'll see what I can do. 204
I'll take a chance. 196
I'll think about it. 202
I'll try anything. 140
I'll work on it. 204
I'm afraid not. 130
I'm all mixed up. 230
I'm counting on you. 172

I'm easy. 84
I'm good. 54
I'm not available. 102
I'm off. 62
I'm on board. 166
I'm up for it. 224
I'm with you. 152
In what way? 148
Is that it? 136
Is there any more to it? .. 228
It doesn't make sense. ... 196
It never fails. 144
It never hurts to ask. 210
It's all Greek to me. 228
It's for you. 134
It's getting late. 132
It's not worth it. 206
It's out of the question. .. 206
It's slipped my mind. 228
It's too much trouble. 196
It's up to you. 212
I've been expecting you. 198
I've been there. 152
I've heard all about you. · 178
I've seen worse. 160

J

Join the club! 168
Just watch. 78
Just wondering. 56

K

Keep in there. ············ 156
Keep in touch. ············ 96
Keep up the good work. ·· 202
Keep your fingers crossed.
·· 212
Knock it off! ············ 166
Knock on wood. ············ 168
Know what? ············ 68

L

Leave it to me. ············ 206
Let me get this straight. · 220
Let me know. ············ 98
Let me sleep on it. ············ 188
Let's call it a day. ············ 226
Let's check it out. ············ 208
Let's face it. ············ 162
Let's get down to business.
·· 208
Let's get started. ············ 134
Let's get together. ············ 138
Let's go Dutch. ············ 144
Let's play it by ear. ············ 186
Let's roll. ············ 86
Let's touch base. ············ 128
Like what? ············ 76
Long time no see. ············ 192
Look who's talking. ············ 160
Lucky for you! ············ 144

M

Make it happen. ············ 168
Make it two. ············ 162
Make yourself at home. · 192
May I? ············ 36
Maybe later. ············ 80
Mum's the word. ············ 168

N

Nice talking to you. ············ 192
No big deal. ············ 122
No can do. ············ 146
No choice. ············ 64
No clue. ············ 66
No idea. ············ 76
No ifs, ands or buts. ············ 234
No news is good news. ·· 208
No offense. ············ 84
No pain, no gain. ············ 208
No question about it. ············ 202
No two ways about it. ············ 202
None of your business. ·· 214
Not for now. ············ 138
Not quite. ············ 78
Not right now. ············ 130
Not too bad. ············ 130
Nothing doing. ············ 86
Nothing much. ············ 76
Nothing to it. ············ 162
Now's your chance. ············ 138

239

O

Oh well. ·············· 60
Only this time. ············ 138

P

Piece of cake. ············ 142
Please! ·············· 16
Pull yourself together. ····· 156

R

Read my lips. ············ 166
Right on target! ············ 164
Run that by me again? ··· 228

S

Same old stuff. ············ 160
Say no more. ············ 156
Say when. ·············· 82
See you then. ············ 130
Since when? ············ 42
So far, so good. ············ 200
Something came up. ······ 114
Something like that. ········ 92
Something's got to give. 230
Sort of. ·············· 80
Stick with it. ············ 156
Suit yourself. ·············· 86

T

Take it or leave it. ············ 228
Take my word for it. ········ 214
Tell me about it. ············ 230
Thanks for everything. ····· 94
Thanks much. ············ 76
Thanks, but no thanks. ··· 194
That beats everything. ···· 166
That does it. ············ 160
That figures. ·············· 84
That reminds me. ············ 124
That'll be the day. ············ 230
That'll teach you. ············ 160
That's a different story. ··· 206
That's all that counts. ····· 220
That's more like it. ············ 214
That's news to me. ········ 220
That's not possible. ········ 134
That's one down. ············ 164
That's pushing it. ············ 164
That's the bottom line. ··· 184
That's the idea. ············ 154
That's the way it is. ············ 216
That's why. ·············· 48
The rest is history. ············ 224
The same to you. ············ 176
The sooner, the better. ··· 198
There's no hurry. ············ 142
This is between you and me.
·············· 198
Those were the days. ····· 180
Time will tell. ············ 142
Time's running out. ········ 148
Times have changed. ····· 146

Try it out. ···················· 140

W

Wait and see. ················ 148
Wanna bet? ····················· 82
Watch your mouth! ········ 146
We're all set. ················· 126
Well... ····························· 18
Well done! ······················· 50
What a pain! ·················· 150
What can I do for you? ··· 194
What do you do? ············ 194
What do you know! ········ 220
What do you mean by that?
································· 200
What makes you think so?
································· 174
What now? ······················ 78
What will happen will
happen. ························ 222
What's done is done. ······ 222
What's eating you? ········ 154
What's on your mind? ···· 210
What's the catch? ··········· 168
Whenever. ······················ 26
Where were we? ············ 150
Who told you? ··············· 134
Why is that? ·················· 136
Why should I know? ······· 220
Will do. ··························· 80

Will this do? ·················· 136
Wishful thinking. ·············· 86
Works for me. ················ 140
Would you? ····················· 76

Y

You are something else. 224
You asked for it. ············ 222
You can't beat that. ······· 224
You don't even know. ····· 232
You don't say! ················ 154
You got me! ··················· 116
You have my word. ········ 226
You have nothing to lose.
································· 212
You know better than that.
································· 208
You lost me there. ·········· 232
You made a good point. · 210
You made it! ·················· 140
You mind? ······················· 40
You said it! ···················· 152
You'll get the hang of it. · 216
You're getting off track. ·· 230
You're too much! ··········· 148
You've got to be kidding. 200
Your efforts will pay off. · 214
Yup. ······························· 30

日本語さくいん

超万能ミニフレーズの日本語訳のさくいんです。フレーズの検索や〈日本語→英語〉の確認にご利用ください。

あ

相変わらずだよ。 161
諦めるな。 157
朝飯前だよ。 143
当たり前だと思わないで。 219
後は知っての通りさ。 225
あなたには関係ないでしょ。 215
あなたによ。 135
あなたのおっしゃるとおりにします。 143
あなたもね。 176
あの頃はよかった。 180
甘く見ないでね。 233
ありがとう。 77
ありがとう、でも結構です。 195

い

言いたいことは分かるよ。 153
言い訳を言ってもだめだ。 235
いいですか。 77
いいよ。 54, 81
いい考えがある。 147
いい勉強になったね。 161
いいわね、喜んで。 225
言うは易し、行うは難し。 219
急ぐことはないよ。 143
一か八かやってみるよ。 197
いつから？ 42
いつでもいいよ。 26
いつでも寄って。 110
いつもこうなんだよね。 145
祈っておいてね。 213
いまいちだね。 159
今ちょっといいですか。 205
今何て言った？ 155
今のところ順調です。 201
今のところはありません。 139
今はだめなの。 131
いろいろとありがとう。 94

う

うん。 30

お

お噂はかねがね伺っております。 178
おかまいなく。 70, 137
おかわりはいかが？ 112
お先に失礼します。 62
遅れてもやらないよりはましだ。 225
お仕事は何をされていますか。 195
遅くなってきたね。 133

お手伝いしましょうか。 ……… 199
落ち着いて。 ………………… 163
同じ境遇ですね！ …………… 169
お話できてよかったです。 …… 193
お待ちいただけますか。 ……… 133
お待ちしておりました。 ……… 199
お見逃しなく。 ………………… 151
表か裏か？ …………………… 159
終わった？ …………………… 20

か
過信したらだめだよ。 ………… 195
がっかりさせませんよ。 ……… 217
変わりないよ。 ………………… 77
考えておきます。 ……………… 203
考えればわかるでしょ。 ……… 167
簡単なことだよ。 ……………… 163
頑張って。 …………………… 81
頑張れ。 ……………………… 157
勘弁してよ！ ………………… 16

き
聞くだけ聞いてみたら。 ……… 211
聞こえますか。 ………………… 197
君はすごいね。 ………………… 225
君はついてるね！ …………… 145
君、ひど過ぎるよ！ ………… 149
気は確か？ …………………… 211
今日はここまでにしましょう。 227
今日はどうだった？ ………… 193

く
苦労なくしては得るものはないよ。 209
詳しく教えて。 ………………… 120

け
元気を出して。 ………………… 79
現実を見つめよう。 ………… 163
見当もつかないよ。 ………… 66

こ
幸運が続きますように。 ……… 169
誤解しないでね。 ……………… 217
ここだけの話ですよ。 ………… 199
ここは私が払うね。 ………… 145
個人的な意見だけど。 ……… 149
こちらでお召し上がりですか、
　お持ち帰りですか。 ………… 201
こちらへどうぞ。 ……………… 79
言葉に気をつけなさい！ ……… 147
このことをはっきりさせてください。 221
このままではいけないよ。 …… 231
これで決まりだ。 ……………… 28
これでだめなら、もうやめとけば。 229
これで間に合う？ …………… 137
これは内緒だよ。 ……………… 169
今回だけよ。 ………………… 139
今回はやめておきます。 ……… 205
今度は何？ …………………… 79

さ
さあ、お入りください。 ……… 139
さあ、本題に入りましょう。 … 209

さあ始めましょう。………… 135
さあ始めよう。……………… 87
さあ見てみよう。…………… 209
最悪だよ。…………………… 159
最近どう？…………………… 44
さっぱりわからないよ。…… 85
寂しいよ。…………………… 104
残念だけど駄目なんだ。…… 131
残念ながらそうです。……… 52

し
仕方がないよ。……………… 64
時間がたてば、わかるさ。… 143
時間を無駄にしないで。…… 137
自業自得だよ。……………… 223
仕事の調子はどう？………… 106
時代は変わったね。………… 147
しっかりしろよ。…………… 157
準備完了。………… 126, 159
知らせてね。………………… 98
冗談でしょう。……………… 201

す
好きにすれば。……………… 87
すぐに行きます。…………… 131
すぐにコツをつかめますよ。… 217
すぐにね。…………………… 32
すごーい！…………………… 87
済んでしまったことは仕方がない。223

せ
全力で頑張ってみます。…… 190

そ
そう焦らないで。…………… 141
そうしたいのですが、無理なのです。195
そう、その調子。…………… 155
そうだなあ…。……………… 18
そうでもないね。…………… 79
そこが重要な点だ。………… 184
そこが分からないんです。… 233
そこまでって言って。……… 83
そのうちにね。……………… 81
その調子で頑張って。……… 203
その通り！…………………… 24
その話はやめて。…………… 165
その方がいいよ。…………… 215
それが一番大切なんだよ。… 221
それが現実だよ。…………… 217
それ頑張ってね！…………… 213
それじゃまた。……………… 131
それだけの価値はないよ。… 207
それでいいよ。……………… 85
それで思い出した。………… 124
それで結構です。…………… 141
それで全部ですか。………… 137
それでは話が通じない。…… 197
それなら何とかやれます。… 227
それについては疑いの余地はない。203
それについてもう少し詳しく
　話してもらえますか。……… 233
それにはかなわない。……… 225

それはあなた次第です。	213
それは驚いたなあ。	167
それはできません。	147
それはどういう意味ですか。	201
それはなぜ？	137
それは初耳です。	221
それはまた別の話です。	207
それは面倒すぎる。	197
それは問題外だ。	207
それはやり過ぎだよ。	165
それはよく分かるよ。	231
そんなことありっこないよ。	231
そんなこと分かってるよ！	223
そんなつもりじゃありません。	203
そんなの信じられないよ。	227
そんなのどうでもいいよ。	235
そんなはずはない。	135

た

大賛成です。	235
大至急必要なんだ。	233
大したことじゃないよ。	122
確かにそうだ。	211
楽しんでね！	46
試してみて。	141
試しにやってみろよ。	219
駄目でもともとじゃないか。	213
便りがないのは良い知らせ。	209
頼りにしてるよ。	172
「たら、れば」は無意味だ。	235

誰から聞いたの？	135
誰にも分からないよ。	151

ち

調子はどう？	133
ちょっと甘いんじゃない。	87
ちょっといいですか。	36
ちょっとお話できますか。	207
ちょっと考えがあります。	211
ちょっと気になってね。	56
ちょっと待ってね。	118
ちょっと用事ができちゃって。	114

つ

都合が悪いの。	102

と

どういうご用件ですか。	195
同感です。	153
どうして？	83
どうぞおくつろぎください。	193
通してください。	145
遠回しな言い方をしないで。	219
どこまで話してたっけ？	151
歳相応に振る舞いなさい。	151
どっちでもいいよ。	90
とても待ちきれない。	197
努力は報われるよ。	215
ど忘れしたよ。	229
どんな？	77
どんな意味で？	149

な

なぜそう思うの？ ……………… 174
何か裏でもあるの？ …………… 169
何を悩んでいるの？ …………… 169
なるほど。 ……………………… 85
なるほどね。 …………………… 48
なるようにしかならないね。 … 223
なんてこった！ ………………… 72
何てことをするの？ …………… 155
何でもありだね。 ……………… 85
何でも聞いてね。 ……………… 143
何でもやってみます。 ………… 141
何なりとご用をお申し付けください。
　……………………………… 199
何を悩んでいるの？ …………… 155

ね

ねえ、何考えてるの？ ………… 211
ねえねえ。 ……………………… 68

は

はいどうぞ。 …………………… 100
はっきり言って。 ……………… 219
話が逸れていますよ …………… 231
早ければ早いほどいい。 ……… 199

ひ

久しぶりだね。 ………………… 193
一晩考えさせてください。 …… 188

ふ

ふざけるな。 …………………… 81

へ

ベストを尽くします。 ………… 193

ほ

本当だよ！ ……………………… 74
本当にお世話になっています。 182

ま

まあいっか。 …………………… 60
まあそんなところだよ。 ……… 92
まあね。 ………………………… 81
まあまあだね。 ………………… 131
まあ、ましな方かな。 ………… 159
まあ見ておきなさい。 ………… 149
まあ見てて。 …………………… 79
参った！ ………………………… 116
まさか！ ……………… 83, 155, 221
まさにその通り！ ……… 153, 165
まじ？ …………………………… 83
また後でかけ直します。 ……… 205
またかよー。 …………………… 213
また来てね。 …………………… 215
またまた。 ……………………… 133
全くその通りだ。 ……………… 203
全く分からないのよ。 ………… 77
まっぴらごめんだね。 ………… 87

み

みんなそうよ。 ………………… 58
みんなで集まろうよ。 ………… 139

む

無理しないでね。 ……………… 201

無理しなくていいよ。………… 217
無理もないよ。………………… 223

め

面倒くさいなあ！……………… 151

も

もう頭がすっかり混乱しているよ。231
もう一度言って。………………… 83
もう一度言ってくれる？……… 229
もう我慢できない。…………… 161
もう時間がないよ。…………… 149
もうその話はよしてくれ。…… 165
もう大変だったよ。…………… 233
もうたくさんだ。……………… 147
もちろん。………………………… 38
もっとないの？………………… 229
もっとましなことを考えてよ。 209
もっと悪いのもいるわよ。…… 161

や

約束するよ。…………………… 227
やってみるよ。………………… 205
やっと一つ片付いた。………… 165
やっぱりね。…………………… 133
やめろ！………………………… 167
やるだけやってみます。……… 205
やるだけやってみよう。……… 169
やるなら今だよ。……………… 139

よ

用心するに越したことはないよ。
………………………………… 227

よく言うよ。…………………… 161
よく聞いてね。………………… 167
よくそう言われるんです。…… 235
よくやったね！………… 50, 141
よくわかります。……………… 153

わ

わかった？……………… 22, 153
分かってるって。……………… 157
わかる？………………………… 135
忘れてしまえよ。……………… 157
私が知っているわけないでしょ。
………………………………… 221
私にはチンプンカンプンだ。… 229
私に任せて。…………………… 207
私の言うことを信じて。……… 215
私も参加させて。……………… 108
私もその話に乗ります。……… 167
私も同じものをください。…… 163
割り勘にしよう。……………… 145
悪いけどいい？………………… 40
悪いことばかりじゃないよ。… 163
悪く取らないでね。……………… 85

り

了解！…………………………… 14
臨機応変にやろう。…………… 186
連絡してね。……………………… 96
連絡を取り合おう。…………… 128

247

●著者紹介

宮野智靖　Tomoyasu Miyano

広島県出身。ペンシルベニア州立大学大学院スピーチ・コミュニケーション学科修士課程修了(M.A.)。現在、関西外国語大学短期大学部教授。主要取得資格は TOEIC990 点、英検1級、通訳案内業国家資格。主要著書は『ネイティブ厳選 必ず使える英会話まる覚え』『この 84 パターンで世界中どこでも通じる英会話』(以上、Jリサーチ出版)、『はじめての新 TOEIC® テスト本番模試』(旺文社)、『新 TOEIC® テスト文法問題は 20 秒で解ける!』(アスク)、『TOEIC®TEST 究極単語 Basic 2200』(語研)。

ミゲル・E・コーティ　Miguel E. Corti

米国ニュージャージー州出身。ニュージャージー大学卒業。ECC 外語学院テキストライターを経て、現在 (株)カプコンに勤務 (ゲーム・ローカライザー)。フリーランス翻訳者、ライター、英文校閲者としても活躍中。
主要著書は『すぐに使える英会話ミニフレーズ 2500』(Jリサーチ出版)、『新 TOEIC®TEST リスニング完全攻略』『新 TOEIC®TEST リーディング完全攻略』『新 TOEIC®TEST プレ受験 600 問』(以上、語研)。

川島理恵　Michie Kawashima

奈良県出身。米国ガスタバス・アドルファス大学卒業後、インディアナ大学ブルーミントン校社会学部修士課程修了、カルフォルニア大学ロサンジェルス校社会学部博士課程修了(Ph.D.)。帰国後、日本学術振興会特別研究員、東京医科大学救急医学講座兼任助教を経て、現在、関西外国語大学短期大学部講師。専門は医療社会学、会話分析、コミュニケーション学。10 年以上の在米経験を活かした「生きた使える英語」の指導に定評がある。主要著書は『女性医療の会話分析』(文化書房博文社)。

カバーデザイン	滝デザイン事務所	本文デザイン／DTP	秀文社
本文イラスト	藤井アキヒト	CD ナレーション	Carolyn Miller／Howard Colefield／都さゆり

**日常からビジネスまで
すぐに使える英会話超万能ミニフレーズ 300**

平成 27 年 (2015 年) 5 月 10 日	初版第 1 刷発行
平成 27 年 (2015 年) 6 月 10 日	第 2 刷発行

著　者	宮野智靖／ミゲル・E・コーティ／川島理恵
発行人	福田富与
発行所	有限会社Jリサーチ出版
	〒166-0002 東京都杉並区高円寺北 2-29-14-705
	電話　03(6808)8801(代)　FAX 03(5364)5310
	編集部　03(6808)8806
	http://www.jresearch.co.jp
印刷所	株式会社 シナノ パブリッシング プレス

ISBN978-4-86392-229-7　禁無断転載。なお、乱丁・落丁はお取り替えいたします。
© 2015 Tomoyasu Miyano, Miguel E. Corti, Michie Kawashima, All rights reserved.